国家自然科学基金资助项目

ZHENGFU JILI YU
ZAIZHIZAO
GONGYINGLIAN JUECE

政府激励与再制造供应链决策

舒彤　陈收　汪寿阳　肖雨晴　龙小凤　著

湖南大学出版社·长沙

内 容 简 介

本书从政府对再制造产业的激励策略角度出发，探讨政府补贴激励策略对再制造供应链的回收价格、产品价格、产品需求以及对消费者、制造商和社会收益的影响。通过理论建模和实证分析，演绎构建再制造供应链决策与优化的多目标模型群，制定政府与企业决策的优化方案。分析闭环供应链中再制造商的回收再制造策略及政府补贴下存在消费者支付意愿差异和回收竞争的再制造决策，提出政府以旧换再补贴下的再制造供应链决策方法及政府补贴下存在碳税政策的再制造供应链决策方法，也研究不同政府激励策略下的再制造供应链决策问题。

图书在版编目（CIP）数据

政府激励与再制造供应链决策/舒彤等著. —长沙：湖南大学出版社. 2021.12

　ISBN 978-7-5667-2335-2

Ⅰ.①政… Ⅱ.①舒… Ⅲ.①政策支持—作用—制造工业—供应链管理—研究—中国 Ⅳ.①F426.4

中国版本图书馆 CIP 数据核字（2021）第 216392 号

政府激励与再制造供应链决策
ZHENGFU JILI YU ZAIZHIZAO GONGYINGLIAN JUECE

著　　者：舒　彤　陈　收　汪寿阳　肖雨晴　龙小凤
责任编辑：谌鹏飞
印　　装：长沙市宏发印刷有限公司
开　　本：787 mm×1092 mm　1/16　　**印　张**：11　**字　数**：210 千字
版　　次：2021 年 12 月第 1 版　　　**印　次**：2021 年 12 月第 1 次印刷
书　　号：ISBN 978-7-5667-2335-2
定　　价：46.00 元

出 版 人：李文邦
出版发行：湖南大学出版社
社　　址：湖南·长沙·岳麓山　　　**邮　编**：410082
电　　话：0731-88822559(营销部),88821691(编辑室),88821006(出版部)
传　　真：0731-88822264(总编室)
网　　址：http://www.hnupress.com
电子邮箱：presschenpf@163.com

前　言

　　随着全球科学技术和生产力的高速发展,企业之间的竞争加剧,资源与环境问题凸显,如何兼顾经济发展和环境保护的双重目标,已成为各国亟须解决的重大问题。而以废旧产品回收再制造为特征的再制造供应链管理逐渐得到企业界、学术界以及政府部门的关注。近年来,无论从理论还是实践上都已认可生产和销售再制造产品所带来的经济和环保效益,而政府运用其政策制定、法律约束、行政管理等特殊手段,在再制造供应链的构建和运作中一直扮演着重要角色。

　　本书主要从政府对再制造产业的激励策略角度出发,探讨了政府补贴激励策略对再制造供应链的回收价格、产品价格、产品需求以及对消费者、制造商和社会收益的影响。通过理论建模和实证分析,演绎构建再制造供应链决策与优化多目标模型群,制定政府与企业决策与优化方案。

　　在本书完成之际,这里要对为本书付出辛勤劳动的所有人员表示感谢。在本书的撰写过程中,湖南大学工商管理学院的陈收教授以及中国科学院数学与系统科学研究院、中国科学院大学经济与管理学院、湖南大学工商管理学院的汪寿阳教授对本书的理论框架、思路和内容进行了细致的审阅与指导。感谢湖南财政经济学院工商管理学院的龙小凤老师、湖南工程学院管理学院的肖雨晴老师以及团队学生彭芝珍、汪墿坚、黄春芬对本书第 2 至第 6 章的重要贡献。最后,还要感谢团队学生曾华宝、程冲、周承检在书籍编撰、修改、校对等过程中的辛勤劳动! 在本书的撰写过程中,参考了大量国内外同研究领域专家学者的研究成果,在此向这些专家学者表示衷心的感谢!

　　本书的出版得到了国家自然科学基金(编号:71771080,71521061,71988101)的资助,在此表示感谢!

　　由于水平有限,书中难免存在不足之处,恳请各位读者批评指正。

舒　彤

2021 年 2 月

目　次

第1章 绪 论

1.1 本书的背景与意义

1.1.1 本书的背景

新时代背景下全球经济与科技保持飞速发展,工业化与城镇化趋势愈加明显,人类活动加速了资源的消耗,亦加重了各种污染气体的排放。由此引发人们对环境与气候变化问题的高度关注,越来越多的企业也不再拘泥于传统的盈利,纷纷树立绿色可持续的理念。保护地球环境、构建循环经济、保持社会经济可持续发展已成为世界各国共同关注的话题。而制造业作为人类经济生活的命脉,如何发展绿色制造以减少资源的消耗,实现经济的可持续发展,是当前及未来最重要的话题之一。而以废旧产品回收再利用为特征的闭环供应链管理开始越来越得到企业界、学术界以及政府部门的关注。近年来,无论从理论还是实践上都已认可了生产和销售再制造产品所带来的经济和环保效益,再制造产品在降低产品生产成本、提高资源的使用效率、减少环境污染等方面都显现出了其独特的优势。

闭环供应链(Closed Loop Supply Chains,简称 CLSC)包括正向供应链和逆向供应链。正向供应链主要涉及产品从上游供应商向下游客户的转移,而逆向供应链则涉及从用户到上游供应商的废旧产品的转移,以末端顾客的产品作为起点,经过退货、再利用、维修、再制造、再循环或废弃处理等逆向运作形成物流、资金流和信息流的闭环系统。对闭环供应链的研究不仅符合我国建立资源节约型和环境友好型社会的要求,而且可以为企业赢得绿色环保声誉和提高企业利润,因此闭环供应链管理已成为国际学术界和企业界研究的热点。

再制造是闭环供应链的一个关键环节,是通过专门的工艺和技术对废旧产品进行修复与改造,使其性能提升,回到与原有制造品相似的过程。该过程可能包括分拣、检查、拆卸、清洁、再加工和重新组装等,最终的再制造产品将是新部件和使用过的部件的组合。再制造产业是以产品全寿命周期理论为指导,以实现废旧产品性能提升为目标,在原有产业的基础上,利用技术手段将废旧产品进行修复和改造的一种产业。再制造产品与新品相比可以节约成本 50%,节能 60%,节材 70%。

再制造产业最先开始于较发达国家和地区,通过多年的摸索与实践,一些国家再制造产业发展已初具规模,甚至已形成了较为成熟与规范的技术与工艺。美国作为经济最为发达的国家之一,也是再制造产业发展最早的国家。早在 20 世纪 90 年代,施乐(Xerox)、福特(Ford)等国际著名企业就已积极探索废旧产品的回收与再制造问题,并通过回收再制造获得了丰厚的回报,同时在环保方面也得到了社会的广泛认可。在欧洲,再制造产业已较为成熟,大约有五十年之久,主要国家有德国、英国、法国等。依靠于大众、雪铁龙及汽车零部件企业的逐渐兴起,欧洲再制造产业也逐渐发展,再制造产品数量迅速增加,比如其再制造汽车发动机数量在汽修配件市场上占比巨大,已达到 85% 以上。日本一直以来都致力于环境保护建设,其再制造产业的政策体系较为完善,成为日本再制造产业发展的重要基石。

根据调查,中国每年因摩擦和腐蚀所造成的经济损失占 GDP 近 10%,几乎为发达国家的两倍,由此可见,我国再制造产业拥有巨大的发展潜力。而我国设备资产和耐用消费品达到了几十万亿元,只要我们对其 10% 进行再制造,完成相关修复与改造,就能够带来经济的强有力增长,实现再制造产业价值。有关专家预测,在未来中国再制造产业规模将达到每年 100 亿美元。经测算,新生产一台汽车发电机或起动机,从矿产到成品的能耗,是再制造一台同样产品的 14 倍。根据三立企业每年再制造的汽车发电机、起动机数量粗略计算,一年即可节约铜 100 多吨、铝数十吨、铁 1000 多吨,节水约 1 万吨。据公安部统计数据显示,截至 2020 年 6 月,全国机动车保有量达 3.6 亿辆,其中,汽车保有量达 2.7 亿辆,摩托车保有量达 6889.6 万辆,新能源汽车保有量 417 万辆。2019 年,全国机动车回收数量达到 229.5 万辆,同比增长 15.3%,其中汽车 195.1 万辆,同比增长 16.8%,摩托车 34.4 万辆,同比增长 7.1%。由于汽车市场快速增长,随后带来的报废规模、汽车报废回收数量也将爆发增长。可见中国再制造工业中汽车零部件将成为未来主要的发展潜力,成为再制造产业中的重要行业。进入新时代,我国的再制造发展被寄予更多希望,在一些产业经济专家看来,再制造不仅是实现经济发展的有效路径,也为中国制造新时代下的聚合发展闯出了新路。面对第四次工业革命的浪潮,中国制造唯有主动创新、大力发展再制造,才能在未来的竞争中占得主动。

然而,纵观中国市场,再制造产业才刚刚起步,尚未大规模展开,仍然存在许多因素制约着再制造产业的成长。首先,再制造产品的界定不清晰、生产标准与规范不明确,导致了消费者对再制造产品质量的担忧,甚至难以认同再制造产品对于环保的贡献;其次,由于多数企业存在资金、技术等因素的制约,再制造产品的生产工艺与技术水平落后,也同样制约了再制造产品的性能;再次,有关于消费者购买再制造产品后的权益保护问题,如售后保修、退换货政策等也并未明确。以上因素令消费者对于回收再制造的产品总是存在顾虑,对购买再制造产品的偏好较低,较低的价格成了消费者购买再制造产品的前提条件,使得再制造产品长期处于市场竞争劣势[1,2]。除此之外,生产企业缺乏对再制造产品科学的市场定位和分析,无法科学评估再制造产品对新产品的冲击与影响,也阻碍了再制造产业的发展。但近几年中国再制造产业发展速度迅速提高,企业与政府高度重视再制造产业发展,如何更大程度发展再制造成了当前热点。

在再制造产业发展的初级阶段,政府在促进产品消费、带动经济增长等方面发挥了重要作用。如在欧洲、日本和北美等地区,政府就早已通过立法、实施财政政策、利用相关金融工具来增强生产者环保、可持续发展等责任意识,在政府对生产商的高要求下,再制造获得了越来越多的关注。2005年,中国政府在《关于加快发展循环经济的若干意见》(国发〔2005〕22号)中已明确提出支持发展再制造产业,并展开了一系列的政策行动。2009年1月颁布的《中华人民共和国循环经济促进法》第一次从立法角度提出"再制造",预示着再制造作为国家法律法规一部分,已经成为我国经济建设与环境保护的重要组成部分。2010年,发改委、财政部、工信部、质检总局制定了《再制造产品认定管理暂行办法》(工信部〔2010〕303号),从政策上为促进再制造产业健康有序的发展,规范再制造产品的生产,以及引导再制造产品的消费做出了努力。2013年,中国政府发布了《再制造产品"以旧换再"试点实施方案》(发改环资〔2013〕1303号),正式将政府补贴作为推广再制造产品的政策之一。随后,10家汽车制造商及发动机制造商被选为试点企业来实施"以旧换再"项目。直至2013年年底,我国在各种不同层面上制定的与再制造领域相关的法律法规多达30余项,包括法律、行政法规以及部门规章等。其中家再制造专项政策法规20余项。工信部于2017年10月31日制定发布了《高端智能再制造行动计划(2018—2020年)》并指出,到2020年,突破一批制约我国高端智能再制造发展的关键共性技术,带动我国再制造产业规模达到2000亿元。

制造业在中国扮演着不可取代的重要角色,它是我国GDP快速增长的重要保障之一,而目前各行各业都在积极转型,谋求更高效的生产效率以及更有效企业管理,再制造的浪潮应声开启,中国也逐渐形成具有特色的再制造产业发展模式。2017年国务院出台《中国制造2025》,强调了发展再制造产业的重要性,提出了再制造发展方向,即努力向高端、智能化方向发展,实现可持续发展。再制造产业是高附加值产业,已成为我国培育新的经济增长点的重要方面,受到各地区的广泛重视,全国各地都在积极探索再制造产业发展的新模式,以集群与集约化发展为特点的再制造产业园区在这个过程中应运而生,目前国家发改委已批复建设江苏张家港、湖南长沙(浏阳、宁乡)、上海临港和京津冀(河北河间市)等国家再制造产业示范基地。这些示范基地的建立,一方面推进了再制造产业的系统性发展,促进经济可持续,另一方面依托科学与技术,在各企业与政府组织积极响应的背景下,开创了制造业转型升级的先河,成为当前经济发展的焦点,更有利于中国特色再制造产业的发展。

再制造产业所需的资源与能源远低于新产品所需的资源与能源,其"能源消耗低,环境污染小",也是低碳环保节能产业,是我国实现节能减排和发展循环经济的重要途径。我国正在构建"国内循环为主,促进国际国内双循环"的新发展格局,这些与再制造在内的循环经济理念都是高度一致的,因此再制造产业具有明显的社会、经济、环保效益,前景十分广阔。

1.1.2　本书的意义

本书以消费者支付行为和心理为主要分析样本,针对目前再制造产品的生产、销售及回收现状,在充分借鉴以往关于再制造及相关领域研究成果的基础上,以消费者支付意愿差异下的闭环供应链为研究对象,分析影响消费者支付意愿差异的机理,提出针对闭环供应链决策的主要内容和框架结构,本书研究具有理论前瞻性和广泛的实践意义。

由于目前中国消费者对再制造产品的支付意愿较低,如果降低再制造产品的价格,将有效促进消费者购买再制造产品。以往专家学者们的研究也认为低价格战略是目前再制造产品占据市场的关键[3,4]。而通过政府补贴降低再制造产品的价格,近而推进再制造产业的发展已成为一条有效途径,关于政府补贴政策的制定已成为目前研究关注的焦点[5,6]。政府补贴政策如何高效地促进再制造产业的发展,供应链企业在面对政府干预时怎样进行策略选择,对再制造闭环供应链管理具有重大意义。

本书的研究立足于目前的实际问题,综合应用多学科知识,其研究成果不仅拓展了目前闭环供应链决策与协调的理论体系,还从闭环供应链渠道管理的角度为中国企业提供了重要的指导意义。对闭环供应链的研究丰富了可持续管理的内涵,促进循环经济理论的发展,拓展了传统供应链管理空间的外延。通过运用博弈论的相关知识研究制造商和再制造商的战略伙伴关系,有助于闭环供应链管理模式的转型升级。

本书的研究成果可在实践上指导企业更合理地确定运营策略,安排生产计划。通过确定再制造产品的价格,降低再制造供应链的运作成本,指导企业及时有效地调度和整合各类回收资源,达到降低成本、节能环保和提升竞争力等目的。

从政府层面来看,本书在社会收益最大化下寻求最优政府补贴政策,可在一定程度上为政府引导消费者偏好以及为制造商的再制造生产决策管理提供相关指导建议,帮助政府管控回收市场的竞争程度,以竞争促进再制造,提高市场积极性。在不损害全新产品的利益下能更好地促进再制造产品的生产与消费、提高资源的使用效率、减少环境污染、建设绿色供应链、推进可持续发展战略,具有一定的现实意义。

1.2 相关研究现状

1.2.1 再制造

再制造被定义为拆卸旧产品的过程,旧产品的部件被修复,然后用于制造新产品。源于修复却显然不同于修理或制造[7]。

再制造被认为是闭环供应链中的一个重要环节,研究者从不同的角度对其进行了研究。较多研究人员运用经济学原理,从经济效益角度来研究再制造供应链;有部分研究人员侧重于再制造供应链成员如何选择渠道,侧重于如何优化渠道结构[8-11];还有部分研究人员将研究重点放在了再制造供应链的运营优化上,其中一个例子就是将系统动力学应用于检验再制造供应链的产能规划[12-16]。

1.2.1.1 再制造中的制造策略研究

越来越多的研究探讨了再制造策略,如旧产品的收购、新产品和再制造产品之间的同类竞争以及原始设备制造商(Original Equipment Manufacturer, OEM)和独立运营商(Independent Operator,IO)之间的竞争。原始设备制造商总是面临着是否进行再制造的选择。许多制造商如果认为再制造可以蚕食新产品的高边际利润,就不会选择再制造。然而,当原始设备制造商不参与再制造时,专业的再制造商就会出现,这会损害原始设备制造商的利润。

Ferrer 等(1997)研究两周期模型中垄断原始设备制造商提供新产品和再制造产品时的定价问题[17]。Debo 等(2005)研究了新产品、再制造产品有差异时的消费者估值、成本参数、行业结构以及技术选择对再制造盈利模式的影响。新产品和再制造产品之间是相互替代关系又是互补关系[18]。Bayindir 等(2007)研究了单周期产能限制下的再制造利润,新产品和再制造产品之间存在相互替代作用,但只对再制造产品的消费者有作用。当新产品缺货时,新产品消费者不会转向购买再制造产品[19]。

最先,学者们探讨了原始设备制造商不参与再制造的情形。Heese 和Cattani(2005)基于双寡头 Stacklberg 模型分析了原始设备制造商竞争中的再制造利润[20]。Ferguson 和 Toktay(2006)假设原始设备制造商不参与再制造,并且原始设备制造商和再制造商之间不存在竞争。研究发现,原始设备制造商可能会损失部分潜在利润[21]。当原始设备制造商可以通过再制造或首先回收旧产品来阻止来自第三方的竞争时,Ferrer 和 Swaminathan(2006)讨论了两阶段、多阶段或不确定的再制造模型。一方面,考虑原始设备制造商的垄断,即制造新产品和再制造产品所需的关键条件。另一方面,还考虑了原始设备制造商和再制造商之间的寡头竞争[22]。上述研究为理解再制造做出了重要贡献。

一部分学者认为再制造产品可以由原始设备制造商和独立运营商生产。就目前再制造产品的采购模式而言,制造商、零售商和再制造商可以销售他们的产品。对于原始设备制造商企业来说,新产品和再制造产品的市场可能会有冲突,因此许多原始设备制造商在生产再制造产品时并不活跃。例如,卡特彼勒公司将新产品市场与再制造产品市场分开。高德纳公司的报告显示,由于再制造产品的低成本竞争,制造商正在失去利润。2010 年,他们损失了超过 130 亿美元,潜在的威胁迫使制造商重新考虑是否也应该提供再制造产品,以应对来自第三方再制造商的竞争[23]。实际上,制造商已经有了销售再制造产品的模式[24,25]。制造商和再制造商可以相互合作,相互补充。值得注意的是,制造商和再制造商都追求合作,因为制造商倾向于提升他们的企业形象和扩大他们的市场份额,而再制造商拓宽了市场;此外,再制造商销售再制造产品并不会对原始设备制造商销售新产品构成很大威胁。

一部分学者探讨了制造商是否该引入再制造产品以应对低成本竞争。Heese 等(2005)研究两周期中两个原始设备制造商竞争的模型。先采取行动的企业可以通过回收和销售再制造产品来提高成本优势和市场份额,还可以阻止其他竞争对手采取相同的竞争策略[26]。Hauser 和 Lund(2008)指出,2000 多家从事再制造的企业,只有 6% 的原始设备制造商企业引入再制造产品,其余 94% 的企业均为第三方再制造企业[27]。Atasu 等(2008)探讨了存在绿色消费者时,消费者环保意识对再制造的影响,制造商提供再制造品的条件,指出制造商进行再制造活动不仅可以降低成本、提高收益而且是一种有效的竞争手段[28]。Wu

等(2015)考察了原始设备制造商和再制造商之间的双向竞争,考虑到制造商是否从事再制造,再制造商是否进入当地市场[29]。高举红等(2017)运用 Stackelberg 博弈方法,在不确定需求的环境下研究了竞争的闭环供应链的定价决策[30]。

1.2.1.2 再制造中的回收模式研究

产品价格的确定与产品成本息息相关,供应链成员对产品成本的控制会通过产品价格间接作用于消费者支付意愿,特别是产品回收模式及处理方式会影响再制造产品成本。

关于 CLSC 的大量文献可被查阅(Karakayali 等,2007;Srivastava 等,2007;Atasu 等,2008;Guide 等,2009;Jayant 等,2012;Chen 等,2013;Amin 等,2013;Choi 等,2013;Khalili 等,2015;Yoo 等,2015)[31-40],但大多数研究都反映了这样的假设,即客户只是想要淘汰他们使用过的产品,而不期望得到补偿,因此将回收率视为投资的函数。Savaskan 等(2004)研究了闭环供应链中由制造商回收、零售商回收和第三方回收情形下的再制造回收模式,通过定量分析和比较得出零售商回收是最优策略[41]。Savaskan 等(2006)进一步调查了零售商之间存在竞争时制造商对回收渠道的选择。制造商可以选择单独回收或委托零售商回收,当使用直接回收系统时,渠道利润是由回收规模对回收努力的影响来驱动的,而在间接反向渠道中,供应链利润是由零售商之间的竞争互动来驱动的[42]。Kumar 等(2007)考虑制造、使用和恢复过程对产品价值的影响,认为不同的回收产品质量会被不同处理,如再利用、再制造和直接处理等[43]。Shulman 等(2010)分析了双边垄断时闭环供应链的回收模式选择,发现制造商回收模式下的收益最高[44]。Teunter 和 Flapper(2011)研究消费者需求确定和不确定时再制造商的回收策略和再制造策略[45]。Li 等(2012)着眼于多个再制造商之间的竞争,每个再制造商回收产品的数量取决于他们提供的价格,因此再制造商在回收中竞争。利用最优化理论和非合作博弈理论,发现竞争中的纳什均衡价格高于非合作均衡[46]。Huang 等(2013)研究了制造商竞争时的产品定价和生产策略;探讨了竞争者在产品的第二个周期进入市场,与新产品的原始设备制造商竞争的情况[47]。Guo 等人(2013)在消费者对新产品和再制造产品的意识存在差距时,考虑了原制造商再制造的进入条件,并将再制造作为竞争对手引入。他们表明,如果 OEM 在一定条件下进行再制造,新产品的市场会受到挤压,而低成本、低价格和大量的再制造可以弥补这种挤压造成的损失[48]。Wang 和 Da (2013)调查了政府提供的奖惩机制对两家制造商竞争的供应链的影响。在奖惩机制中,回收率显著提高,这种效应在竞争中更为明显,此时,新产品的价格下降,更有利于消费者[49]。Zhu 和 Zhou(2014)探讨了制造商在汽车零部件行业与再制造商竞争时,政府补贴对供应链系统的影响,他们认为政府补贴可以有效促进再制造的发展,提高再制造商的收益[50]。Bulmus 等(2014)研究了一个原始设备制造商和一个再制造商在销售和回收方面竞争的两阶段模型。在第一阶段,最初的制造商只生产新产品;在第二阶段,再制造企业从事再制造,在回收和销售再制造产品方面与原制造企业竞争。从而考察了原厂在第一阶段的生产策略[51]。Gong 等(2014)认为闭环供应链系统由一个制造商、一个零售商和一个回收代理组成。零售商销售和回收产品,并与不参与销售的回收代理商竞争。结果表明,在回收竞争的背景下,政府补贴增加了零售商和回收商的回收量、回收成本和制造商、零售商和回收商的利润[52]。郭军华等(2015)考虑消费者对新产品和再制造产品的支付意愿存在差异时,比较分析了制造商、零售商和第三方回收的模式[53]。Wen 等(2016)在专利保护的环境下研究了再制造闭环供应链的定价决策,对供应链利润管理有重要的启示[54]。Ma 等(2016)研究了闭环供应链中不同合作模式的渠道利润,他们发现合作战略可以共赢[55]。

此外,Bhattacharya 和 Savaskan(2004)比较了三种回收模式,即制造商回收、零售商回收和第三方回收,发现在一定假设条件下,零售商回收是最好的模式[56]。Gu 等(2008)从最优回收成本和闭环供应链成员利润的角度考察了制造商、零售商和第三方的回收模式,并表明制造商的回收是可取的[57]。这些研究比较了在一定条件下哪个回收渠道是最优的,而现实是多渠道并存,多渠道之间竞争与合作并存。基于这些原因,Huang 等(2013)研究了零售商和制造商联合回收时制造商的最优定价和回收策略[58]。Liu 等(2015)构建了双渠道回收的竞争模型,其中有拆解资质的回收商主导的正规渠道和无拆解资质的回收商主导的非正规渠道相互竞争,并描述了这两种渠道的回收处置方式和盈利模式[59]。

简言之,闭环供应链成员根据自身的需求和对市场的理解,自行回收,或与其他成员联合回收,或与其他供应链成员通过契约合作回收。以往的研究将回收与销售作为一个独立的环节,以旧换新意味着回收与销售之间有着很强的联系,可以反映回收促进销售,销售促进回收。

1.2.1.3 再制造中的竞合策略研究

(1)独立再制造商的外部竞争影响研究。

独立再制造商的外部竞争对 OEM 再制造和竞争策略的影响是当前的研究主流之一。Majumder 和 Groenevelt(2001)考虑两周期模型下 OEM 和独立再制造商的竞争策略问题,研究发现在竞争环境下,OEM 采取再制造策略更有利,而且降低 OEM 的制造成本对消费者和独立再制造商均有利[60]。Ferrer 等

(2006)，Ferrer 等(2010)分别研究两周期、多周期以及无限周期下，新产品和再制造产品无差异和有差异时的模型，确定新产品与再制造产品的价格和生产数量以及他们之间的相互影响。随后分析了双寡头垄断条件下 OEM 采取再制造以应对再制造商竞争的临界条件[61,62]。Ferguson 等(2006)考虑新产品、再制造产品存在差异下，OEM 面对独立再制造商竞争时的策略。结果表明，OEM 从事再制造活动或者优先回收是抵制独立再制造商进入市场的一种策略[63]。Webster 等(2007)分析了两周期博弈模型，研究 OEM 以及独立再制造商竞争。研究表明，在一些情况下，回收法有助于制造商与再制造商的盈利，且有助于降低税收以及鼓励进行再制造生产活动；此外，回收法的存在会使得行业结构改变，只有在实施回收法的情况下再制造活动才能得到盈利，可见回收法存在的意义极大[64]。Mitra 等(2008)探讨了只从事新产品的生产商，与两周期模型下既从事再制造产品又从事新产品的生产商竞争，除此之外，并研究了生产商再制造时政府补贴的作用[65]。Atasu 等(2010)的研究表明，在 IO 垄断后，OEM 很难进入再制市场[66]。Bulmus 等(2014)的研究不同，这里 OEM 只生产新产品。结果表明，销售市场的更大竞争将鼓励再制造商集中精力在回收市场提升经济规模，这对 OEM 也是有利的[51]。Wu(2015)建立了一个再制造供应链模型研究 OEM 和再制造商的均衡价格和激励措施。OEM 和再制造商不仅在回收市场存在激励竞争，在销售市场上也会展开价格竞争[67]。与 Sun 等(2017)研究了 OEM 如何应对外部再制造商的竞争问题，在竞争和合作模式下探讨了(再)制造商的最佳策略和供应链成员的利润[68]。

(2)OEM 和独立再制造商之间的竞合关系研究。

部分论文研究了 OEM 和独立再制造商之间的合作与竞争的相互关系。Savaskan 等(2001)研究了逆向物流网络商和原始设备制造商之间的渠道合作问题，开创了探讨再制造商和原始设备制造商之间合作与竞争的先河[69]。Karakayali 等(2007)构建了集中式模型和式模型，确定再制造产品的最优销售价格、最优的回收价格和协调式供应链的策略[70]。Li(2010)以 WTP 为前提，引入了来自非本地再制造商的竞争。在供应链中，消费者购买两家不同制造商产品的意愿不同，而购买新产品和再制造产品的意愿相同。结果表明，原制造商既可以获得利润，又可以防止竞争对手通过再制造进入市场[71]。Jung 和 Hwang(2011)等对比分析了第三方再制造企业和原始设备制造企业之间的合作和竞争策略，考虑降低污染的策略。结果表明，合作可以提高企业利润，而企业间的竞争可以提高产品回收率，降低大气污染[72]。Chen(2012)研究了随机需求下 OEM 和再制造商之间的竞争合作关系。合作模式为 OEM 同时生产新产品和再制造产品；竞争模式为 OEM 生产新产品，再制造商生产再制造产品[73]。苏格兰政府在 2013 年的政府报告中指出制造商与再制造商之间可能在回收旧产品时建立合作关系[74]。Wang 和 Xiong(2014)的研究表明,竞争情况下的收益低于合作情况下的收益,合作模式就可以建立,需要满足制造商的利益才会进行[75]。Wang 和 Xiong(2015)的研究表明,合作模式有利于制造商,而竞争模式更有利于再制造商,也有助于市场开拓。但从收益角度来看,合作模式不一定优于竞争模式[76]。Wu(2015)提到在汽车行业中普遍存在制造商和再制造商之间的合作,但很少有论文提及,因此再制造商与制造商之间的合作与竞争关系,可以作为未来的研究方向,即再制造商回收旧产品,将回收的零部件供应给制造商,同时销售再制造产品,与制造商在回收市场合作,在销售市场竞争[67]。

(3)闭环供应链的博弈主体决策研究。

闭环供应链的博弈主体在不同渠道与利益结构下会有不同决策。已有的再制造研究多数以 OEM 为 Stackelberg 领导者(Savaskan 等,2004;Bulmus 等,2013)[41,77],原因是这些研究中 OEM 通常是回收主体或者是再制造的决策主体。Wu(2012a,2012b)考虑一个回收并生产再制造产品的制造商和一个只生产新产品的原始设备制造商之间的竞争。两种产品通过一个共同的零售商销售,侧重研究价格和服务竞争对成员决策与收益的影响[78,79]。Wu(2013)研究两阶段模型,OEM 决定产品设计和再制造商决定回收策略,发现 OEM 的产品设计策略能有效应对再制造商的竞争,但一定会对再制造商产生损害[80]。当再制造成本优势减少时,独立再制造商有更多的机会回收旧产品,随着第二阶段中的市场规模扩大,OEM 为了保护市场份额会在第一阶段生产更少的新产品。当消费者对再制造产品有更低的支付意愿时,再制造变得没那么有利可图的竞争与合作下闭环供应链的定价决策与协调:Jena 和 Sarmah(2014)研究由两个相互竞争的制造商组成的闭环供应链,制造商销售新产品并通过共同零售商回收废旧产品,针对非合作系统、渠道合作系统和全球合作系统三种不同的情况制定了数学模型并作出最优决策,结果表明全球合作系统是三种情况下最好的[81]。Zheng 等(2017)研究了正向渠道竞争和权力结构对由制造商、零售商和回收方组成的双渠道闭环供应链(CLSC)的影响,在不同的渠道权力结构下分析直接渠道与零售渠道之间的对称与非对称相对地位,探索集中与模式的定价决策[82]。Li 等(2017)基于回收竞争闭环供应链,对再制造策略进行了研究,结果表明只有当供不应求和再制造成本低于制造成本时,制造商才会授权其进行再制造[83]。Wang 等(2017)研究了两个顺序竞争厂商的闭环供应链(CLSC)的奖罚机制,结果表明奖罚机制能够维护市场竞争秩序,因为它保护了领导者市场领先地位的批发价格[84]。Rezaee 等(2017)在数量折扣政策的竞争环境下,研究了闭环供应链优化和高效供应商选择的多目标模型。研究提出了一个考虑数量折扣政策的 CLSC 优化、供应商高效选择以及订单分配的模型。基于数据包络分析与纳什议价博弈相结合的多目标规划模型。在研究中,考虑了利润最大化、效率最大化、缺陷最小化和延迟率的函数[85]。

(4)正向竞争与反向竞争研究。

在再制造系统的竞争方面,Atasu 等(2008)研究了当没有竞争并且全新产品的制造商与原始设备制造商竞争时,绿色消费者和产品生命周期对再制造利润的影响。他们的研究结果表明,这些因素能够对再制造利润产生巨大的影响;在竞争环境下,再制造可能是通过价格抑制竞争的有效市场策略[86]。基于产品生命周期,黄永等(2013)考察了制造商竞争时的产品定价和生产策略;竞争者在产品的第二周期进入市场,与新产品的原始设备制造商竞争。他们的结果表明,原始设备制造商应该在两个周期、多个周期或无限周期内降低新产品的价格,以便在第二个周期内有足够的旧产品用于回收和再制造,从而通过低成本获得竞争优势[87]。

实际上,零售商之间存在竞争。当零售商之间存在竞争时,Savaskan 和 Van Wassenhove(2006)研究了制造商对回收渠道的选择。制造商可能选择单独回收或者委托零售商回收,结果是制造商直接回收时供应链的利润依赖于回收,零售商回收时依赖于零售商之间的竞争[88]。

Östlin 等(2008)列出了再制造中回收废旧产品的七种闭环结构:所有权型、服务合同型、直接订单型、存款型、信用型、回购型和自愿型关系,并讨论了这七种回收结构的优缺点,希望研究能提高读者对再制造闭环供应链的理解[89]。这表明逆向供应链在再制造中起着至关重要的作用。然而,上述文献仅关注闭环供应链中的正向竞争,而闭环供应链中没有考虑反向竞争或回收竞争。Jena 和 Sarmah(2014)探讨了当制造商面临销售和回收竞争时,如何确定回收产品的比例和每个制造商的批发价[90]。在此基础上,他们继续探索了当回收产品的随机需求和随机条件被添加到上述结构中时,价格和服务之间的竞争[91]。Bulmus 等(2014)研究了两阶段博弈模型,其中原始设备制造商和再制造商在销售和回收方面竞争。第一阶段,原厂商只做新产品;在第二阶段,再制造商从事再制造,并在回收和销售再制造产品方面与原始设备制造商竞争[92]。原始设备制造商在第一阶段的生产策略因此被检查。此外,Wu(2015)考察了原始设备制造商和再制造商之间的双向竞争,考虑制造商是否从事再制造以及再制造商是否进入本地市场[93]。

李响和李勇建(2012)研究了多个再制造商之间的竞争,每个再制造商回收产品的数量取决于它们提供的价格,因此再制造商在回收方面进行竞争[94]。研究利用了最优性理论和非合作博弈理论,发现竞争中纳什均衡的价格高于非合作均衡。Chen 和 Chang(2014)在考虑随机需求的情况下,研究了再制造供应链中原始设备制造商和其他供应链成员之间的竞争与合作。他们的结果表明,当再制造成本和竞争水平较低时,原始设备制造商愿意再制造并与供应链成员合作。否则,原厂商更愿意通过引入第三方来制造新产品和再制造,导致竞争[95]。

1.2.2　消费者支付意愿

消费者支付意愿(Willingness to Pay,WTP)是指个体购买一定数量的消费物品或者劳务所愿意支付的费用,是消费者对它们的个人评价,具有强烈的主观评价色彩[96]。消费者支付意愿在经济环境影响评估、公共物品、食品质量及环境质量的需求分析中被广泛应用。Bont(1992)提出研究消费者和产品设计接受度之间的关系的理论模型,并通过实证进行了检验。发现产品的特征和消费者的个性对产品设计接受都有影响,其中产品特征主要包括:价格、制造商、产品品牌和质量等。而消费者的个性特征主要有环保意识、风险偏好、旧品偏好、年龄、性别、收入、教育水平、职业[97]。早期对消费者支付意愿的研究是从食品行业开始的,Loureiro 等(2002)研究本地产品、有机产品和无 GMO 产品的消费者支付意愿差异[98]。Chen 等(2002)调查转基因食品的消费者接受度[99]。Christopher(2004)发现消费者对产品的支付意愿愈大,发生实际消费行为的可能性也就愈大[100]。

1.2.2.1　WTP 估计方法与影响因素研究

Breidert 等(2006)将估计消费者 WTP 分为四类方法:二手市场数据,实验(现场以及实验室实验),直接调查和间接调查[101]。刘宏蛟等(2009)采用 Logistic 模型分析方法及描述性统计分析方法对再制造产品的认知程度进行分析,结果表明消费者对再制造产品的认知程度因消费者个人社会特征的不同而存在差异。消费者对再制造产品的认知程度越高,购买意愿越大,即消费者的认知程度与其消费行为基本一致[102]。Celine 等(2011)使用实验拍卖来收集消费者对再造品的特定特性的 WTP。结果表明,消费者倾向于低估再造品的价值,除非他们被告知再制造品的环境影响[103]。Xu 等(2016)以 eBay 的全新、制造商再制造、卖家再制造和使用过的产品交易数据为基础,实证研究客户对再制造产品的购买意向。结果表明,与固定价格交易相比,拍卖中的电子服务对客户的 WTP 有更高的正向影响[104]。Xiong 等(2016)分析了离散闭环供应链中制造商再制造和供应商再制造两种情况,并从不同利益相关者的角度进行分析。结果表明,如果再制造成本过高,即使消费者对再制造产品的支付意愿略有提高,制造商可能会放弃再制造[105]。陈晓红等(2016)研究了功能质量和环境质量支付差异下,消费者偏好和政府补贴对供应链决策的影响。结果表明,消费者对再制造产品的功能质量认可越高,制造商产品的利润越大,但环境影响也越严重[106]。由于不同产品的质量不同,消费者对产品的支付意愿不同,陈章跃等(2016)在考虑了顾客策略行为和产品质量,研究闭环供应链的决策。结果表明,当产品质量提高时,再制造商的利润先增加后降低[107]。

Guide 等(2010)考察了消费者购买新产品和再造品意愿的差异,以及再造品对新产品的蚕食效应[108]。Ovchinnikov(2011)以戴尔笔记本电脑为研究对象,通过实证研究指出消费者在对再制造产品和新产品的支付价格上存在显著差异。而且,购买再制造产品的消费者的数量会随着再制造品的价格降低而增加[109]。Wu 等(2014)在消费者对新产品和再造品的认知存在差异的基础上,研究了制造商和再制造商的生产策略,发现再制造商的竞争可能会降低制造商的利润,除非制造商也参与再制造[110]。Bhattacharya 等(2015)对回收产品的质量进行了分类,并在不同的制造阶段提供了相应的回收价格。以闭环供应链利润最大化为目标,实现了最优销售价格[111]。Hazen 等(2016)研究了模糊容忍度、感知质量和再制造产品的支付意愿之间的关系。研究表明消费者对再制造产品的模糊容忍度与其对再制造产品的支付意愿间接相关,同时还通过消费者对再制造产品的感知质量直接影响消费者对再制造产品的支付意愿[112]。Wang 等(2016)研究了再制造产品在成本、质量和绿色属性方面的知识如何影响消费者购买再制造产品的风险和价值评估[113]。以往闭环供应链(CLSC)文献中,大多假设消费者对再造品的意愿支付(WTP)小于相应新产品的 WTP, Abbey 等(2017)结合了调查和实验研究来确定感知质量的前因——功能性和表面缺陷的感知风险对消费者购买再造电子产品意愿的显著影响。还比较了垄断者在基于经验的折现因子分布和经典线性需求模型(假设折现因子不变)下决定将再制造产品纳入其投资组合的决定。有趣的是,经典的线性需求模型对于高层次的洞察(如同类竞争和市场扩张效应)仍然相当稳健[114]。Shu 等(2017)考虑了政府对再制造的补贴、消费者支付意愿和回收竞争,重点研究了由一个本地制造商和一个非本地再制造商组成的供应链。结果表明,无论再制造产品的生产和回收是否存在竞争以及政府是否为再制造提供补贴,消费者对再制造产品的支付意愿直接影响到每个企业再制造和整个供应链的利润[115]。Kleber 等(2018)考虑了质量选择下的战略再制造,并将其在固定折现因子下的解与假设折现因子概率分布的解进行了比较。结果发现常数折现因子模型和可变折现因子模型的结果具有显著的一致性。因此,他们提出了一个有说服力的论点,即常数折现因子假设是稳健的,并可以使用[116]。基于国内外已有的研究,影响消费者对再制造产品支付意愿的因素可归纳为:产品价格、产品质量、渠道偏好、风险态度、社会环境五类[112,117]。

上述研究多从实证的角度对消费者支付意愿影响因素进行分析论证,而对消费者支付意愿进行测量的方法主要有条件评估法(CVM)和选择实验法(CE)。条件评估法(CVM)属于非市场技术评估方法,适用于缺乏实际市场和替代市场交换商品的价值评估,它的核心是直接调查咨询人们对生态服务和产品的支付意愿(WTP),以支付意愿和净支付意愿(NWTP)表达商品或服务的经济价值。选择实验法是指消费者通过实验从许多属性描述或一系列选择中进行选择的方法[118]。选择实验可以测量出消费者对每个属性的价值,避免被测试者的不理性选择,从而测量出被测试者最真实的支付意愿。Carlsson 等(2001)通过选择实验发现:不论被测试者是否有偏好,他们假设中的支付意愿与实际中的支付意愿并没有区别。CVM 方法和 CE 方法都可以在一定程度上测量出消费者真实的支付意愿,是研究消费者支付意愿的有效方法[119]。

在确定影响消费者支付意愿的几个关键因素后,通常采用问卷调查法进行检验。问卷调查法指展开问卷调查,对问卷收集的样本数据进行初步整理,运用SPSS16.0 和 AMOS17.0 等软件进行问卷的信度和效度分析。然后构建结构方程模型(Structural Equation Modeling,SEM),进行验证性因子分析和结构方程模型分析,检验收集的样本数据与模型的拟合程度,得到模型中各潜在变量之间的关系,最后进行假设检验,验证概念模型的科学性和准确性。

1.2.2.2 WTP 对再制造供应链影响研究

一些研究人员运用消费者效用理论来研究消费者对新产品和再制造产品的不同支付意愿以及两者之间的价格差距所带来的需求变化。Ray 等(2005)研究了涉及两类消费者的耐用品:新顾客和折价顾客,以及再制造产品和回收成本的定价。结果表明,产品的耐久性、回收利润、产品折旧程度和两类消费者的规模都会对回收产品的最优定价产生影响[120]。Debo 和 Wassenhove(2005)考虑了新产品和再制造产品的可接受性之间的差距,制造商在准备再制造时确定新产品和再制造产品的最佳价格以及企业的再制造水平非常重要[121]。更重要的是,Abbey 和 Blackburn(2015)用实验证明,确实有两种消费者:绿色消费者和市场上新产品的消费者。他们研究企业应该如何通过在这种类型的市场划分中利用消费者效应理论来确定新的和再制造产品的最优价格。结果表明,企业应该提高新产品的价格,以抵消再制造产品在市场上对新产品的蚕食[122]。

国内也有一些博士论文研究消费者行为下的供应链决策问题,并对消费者行为进行划分(路立浩,2016;刘丽雯,2017;胡书,2017;张菊芝,2015;贺妍艳,2017;汪宁宁,2017;张艳丽,2017 等)[123-129],如:路立浩(2016)中消费者行为主要是基于参考价格和商品库存水平对消费者的购买决策具有重要影响进行分类[123]。刘丽雯(2017)将消费者行为影响因素分为:消费者质量偏好、绿色偏好、感知偏差、异质性偏好等几种经典的行为因素,研究了不同消费者行为模式与专利许可策略模式下原始制造企业与独立再制造企业的生产策略与定价策略,并进一步研究分析了不同的消费者行为偏好对原始制造企业最优再制造专利许可策略选择的影响[124]。胡书(2017)中消费者行为指消费者的策略购买和回收行为[125]。

1.2.3　再制造品差别定价研究

1.2.3.1　再制造供应链差别定价研究

研究表明,企业所设立的产品质量水平会影响生产决策与收益。因此,闭环供应链下,企业的再制造决策同样也需要考虑产品质量水平要素。Giutini(2003)认为再制造通常采用高质量的技术标准,使再制造产品与新产品的质量水平接近,甚至使再制造产品的质量和功能达到新产品的质量技术标准。由此,将产品的质量作为外生变量[130]。Debo(2005)强调消费者对再制造产品质量的偏好差异[131]。Nenes 等(2010)在回收产品的质量和数量均具有不确定性的前提下,分析企业根据最小化成本或最大化利润原则应如何选择再制造策略[132]。Van Wassenhove 和 Zikopoulos(2010)对退货检了两次:第一次是由供应商进行检查,他们对每份退货产品进行分级;第二次是由重新确定该项任务可信度的制造商进行检查[133]。Gong 等(2011)以价格、回收率与质量水平等模糊数据为决策变量,研究生产/再制造集成闭环供应链系统,运用粒子群优化仿真分析,探讨成本变化对服务质量的影响,并进行了总成本的优化[134]。Örsdemir 等(2014)研究了面对第三方再制造商竞争时,制造商的竞争策略。当处于竞争优势地位时制造商会把产品质量作为与独立再制造商进行竞争的手段,当处于竞争劣势地位时制造商会控制产品数量与再制造商进行竞争[135]。Abbey 等(2016)分析了影响消费者对再制造产品支付意愿的多个因素,并着重研究了预期产品质量对再制造电子产品的显著影响[136]。

再制造研究中,回收源受到回收网络与回收主体的影响,回收品的质量与数量又直接关系到再制造供应链的稳定性。在其他一些情况下,回收质量采用离散随机变量的形式(Aras 等,2004;Behret 等,2009;Galbreth 等,2010;Teunter 等,2011)[137-140]。Pokharel 和 Liang(2012)建立了一个根据再制造产品质量评估最佳收购价格和数量的模型,并通过算例分析了模型的影响[141]。Robotis等(2012)研究了在产品可重用性和退货量投资下正态分布质量对混合系统的影响[142]。Van Wassenhove 等(2010)以及 Watanabe 等(2013)都为质量不确定性分配 β 分布,通过调整两种形状参数来捕捉大量不同的特性[133,143]。Atasu 等(2013)考察了回收产品的三种不同的处置方式对产品质量选择、消费者剩余以及环境的影响[144]。Niknejad 等(2014)利用模糊梯形数刻画回收数量的不确定性,构造了具有两条回收路线的逆向物流网络解决回收数量和质量不确定性问题[145]。Karamouzian 等(2014)根据回收产品所具有的不同质量和到达时间,提出了回收产品分级方法,并采用 M/G/1 排队理论进行建模[146]。Zikopoulos 等(2015)认为旧产品质量具有不确定性,在最大化利润前提下,提出了回收点数量、位置以及利益分配方案[147]。Radhi 等(2016)研究了再制造商具有多个再制造设施以满足不同市场需求时,回收产品质量对再制造生产网络配置的影响[148]。

再制造过程中除了产品质量差异问题,也产生了一些新的问题,当存在多个再制造主体时,其中就涉及知识产权以及相关保护法律诉讼和法律纠纷问题,成为全世界各国政府、社会各界以及企业急需解决的问题。

对于竞争策略和差别定价:专利许可作为一种策略,计国君与陈燕琳(2013)分别建立了制造商再制造、制造商收取再售许可费用、制造商回收但不制造三种策略模型,并研究三种模型下新产品和再制造产品和最优定价问题。通过分析和比较可以得出三种策略都可以在一定程度起到抵御外部竞争的作用[149]。Bagchi 等(2014)通过外部创新者展示了产品差异化和产品市场竞争对专利许可的影响[150]。刘光富与刘文侠(2017)基于双渠道再制造闭环供应链差异定价策略进行研究,建立新产品与原制造商和第三方进行再制造的再制造产品的差别定价模型,运用博弈论探讨产品最优定价策略,并对比在不同模式下的最优参数[151]。

在再制造模式方面:Lin 等(2006)对具有固定费用,特许权和混合合同的网络效应和技术许可进行研究,探讨了网络效应对许可选择的影响,研究结果为展示网络效应的行业的许可决策提供了见解[152]。熊中楷等(2011)研究了经销商从事再制造的闭环供应链,研究表明,与经销商未从事再制造活动相比,经销商从事再制造对制造商以及经销商自身都有利,但忽略了专利产品再制造的授权问题[153]。Huang 与 Wang(2016)对专利许可下的产品回收和混合再制造的闭环供应链模型进行研究,并讨论了再制造能力对供应链成员和环境可持续性的影响,分析在再制造过程中节省单位成本的作用[154]。Hong 等(2017)对专利许可的闭环供应链中的数量和收集决策进行研究,专利持有者制造商生产新的再制造产品,同时他和再制造商(作为被许可人,依法只能生产再制造产品)竞争性地从市场上收集旧产品,调查了 CLSC 内的两种授权模式,固定费用与单位专利使用费[155]。陈军与田大钢(2017)探讨了闭环供应链模型下的产品回收模式选择,考虑再制造成本和回收品的管理成本的基础上,分析了两种不同回收模式下订货量、订货价格以及各方收益的变化[156]。

在协调机制方面:Zhao 等(2014)研究了具有网络效应的最佳专利许可合同,并调查了当产品创新者是担任 Stackelberg 领导者的内部人员时的福利影响[157]。孙浩等(2017)研究了包括两个阶段闭环供应链(CLSC)系统的 OEM 和独立再制造商,在三种不同的决策结构下讨论双方的最优博弈策略:两种竞争模式(再制造专利许可的竞争和没有再制造专利许可的竞争)以及合作模式[158]。Huang 等(2017)对具有专利许可的闭环供应链中共享信息问题进行研究,分析了与制造商,分销商和第三方在技术许可下的闭环供应链信息共享的好处[159]。

1.2.3.2　再制造活动中的定价和供应链协调策略问题

以下研究则针对再制造活动中的定价和供应链协调策略问题。Ray 等(2005)则对于存在新顾客和以旧换新顾客两种消费者群体的耐用品及其再制造品的定价和回收价格策略进行研究,认为产品的耐用程度、回收收入、产品废旧程度以及市场中两类消费者的规模会影响产品的最优定价及最优回收价格[160]。Debo 和 Wassenhove(2005)则考虑当消费者对新再产品认知存在差异时,制造商准备从事再制造活动时该如何决定新产品与再制造产品的最优定价以及企业的再制造水平[161]。张建军等(2009)分析了一个两阶段闭环供应链模型,求出了分散决策和集中式决策两种情况下的 Stackelberg 博弈中关于批发价、零售价和回收价格的均衡解,并在此基础上设计了协调供应链的两阶段关税策略和批量折扣策略并给予了证明[162]。孙浩和达庆利(2010)研究了基于再制造产品和全新产品存在差异的分散式决策和集中式决策下的博弈模型,得出分散式决策存在双重边际效应,无法达到供应链系统效益最优的结论,并因此在集中式决策中提出了收益共享契约来进行协调[163]。Abbey 和 Blackburn(2015)更是利用实验法验证了市场确实存在绿色消费者和新产品消费者这两种消费群体,研究在此种市场细分下利用消费者效用理论,企业该如何确定新产品与再制造产品的最优定价。结论表明,企业应提高新产品的定价,以抵消再制造产品对自身新产品市场的蚕食[164]。

1.2.4 再制造供应链政府行为

1.2.4.1 碳管制

Montgomery(1972)首先提出了碳排放贸易的概念[165]。Laffont 和 Tirole (1996)主要考虑碳排放市场的设计[166]。碳税对经济的负面影响是由碳税的成本决定的。因此,大多数研究集中于碳税对中国宏观经济的影响。Hua(2011)等研究了碳交易中有碳限制的企业库存碳迹的变化,构建了有碳限制的最优订货量模型[167]。Benjaafar(2013)探讨了碳排放如何影响企业的采购、生产和库存管理决策[168]。Chen 等(2013)研究了碳约束下企业生产战略的各种模型,结果表明,适当的生产经营管理可以在相对较小的经济成本下实现碳排放的显著降低[169]。还有大量关于碳约束、碳税、碳限额与碳交易的文献研究了碳减排、定价决策、可持续供应链、企业利润和社会福利。例如,Hovelaque 和 Bironneau (2015)研究了碳约束下的 EOQ 模型,确定企业能够实现利润和碳排放双赢的机制[170]。Xu 等(2017)研究了多产品制造企业在限额与交易和碳税条例下的联合生产和定价问题,并比较了两个法规对碳排放总量,企业利润和社会福利的影响[171]。大量的碳约束、碳税、碳限额和碳交易的文献研究了减少碳排放的机制和企业的生产决策。

由于再制造能够节约制造成本并减少碳排放,一些学者专注于对再制造背景下的低碳供应链的生产和定价决策进行研究。Yenipazarli 等(2016)和 Yang 等(2017)研究了碳税下新产品和再制造产品的最佳生产和定价决策,考虑了再制造下的利润和环境问题[172,173]。在实证方面,Saxena 等(2018)利用印度轮胎再制造行业的数据,研究了一个将经济和碳排放目标与碳税政策相结合的轮胎再制造供应链模型,为碳减排技术投资做出了决策[174]。He 等(2018)提出了一种新的供应商选择综合因子分析(FA)、数据包络分析(DEA)和层次分析法(AHP)的混合模型,即 FA-DEA-AHP。并用该模型对某大型工业企业的 7 家水泥供应商进行了试验研究。结果表明,该方法不仅可以选择有效的供应商,而且可以实现综合排序。为选择优秀的低碳供应商并建立高效低碳供应链提供了理论价值[175]。此外,Zhang 等(2018)基于政府的碳税和消费者的低碳偏好,研究了制造商回收/再制造的定价决策,考虑了策略消费者,但没有考虑产品的耐用性[176]。Zhou 等(2018)研究了回收产品质量不确定性对碳排放影响的模型,表明考虑质量不确定性可有效地增加利润并降低企业的总碳排放量,但没有考虑消费者支付意愿[177]。Wang 等(2018)基于可区分的新产品和再制造产品,通过两阶段生产决策模型来描述最优碳税政策,表明政府可以通过选择合理的碳排放税来刺激制造商同时投资碳减排技术和再制造[178]。Turki 等(2018)考虑了新产品和再制造产品之间的差异、随机机器故障、碳约束和不同的随机客户对这两种商品的需求,分析了最优的库存和制造/再制造策略。结果表明,设备成本、退货率和机器可用性对新产品和再造品的库存和生产计划有显著影响,且较低的碳排放上限或较高的碳交易价格会促使生产者回收和再制造废旧物品,并抑制碳排放[179]。

综上所述,现有低碳下进行再制造的文献,对企业利润和环境绩效等方面的研究做出了重大贡献,给出碳排放规则下的供应链最优配置和企业以与环境的绩效,为降低碳排放提出了宝贵建议。

1.2.4.2 补贴

事实上,政府在再制造的发展中起着举足轻重的作用,许多国家在考虑环境和资源条件下,颁布了一系列关于再制造和回收活动的政策和法令。大量研究者对政府参与的闭环供应链进行了研究。Mitra 和 Webster(2008)比较了制造商或再制造商单独获得补贴或两者都获得补贴的情况[180]。Wang 和 Chen(2013)将中国政府有关回收利用的政策法规进行了分类,他们指出,以旧换新可以促进废旧产品的回收利用[181]。Ma 和 Zhao(2013)比较了双渠道闭环供应链中有无政府补贴的两种情况,发现当政府补贴消费者时,制造商、零售商和顾客的利润同时增加[182]。Wang 和 Chang(2014)运用系统动力学研究了不同政府补贴(包括初始补贴、回收补贴、研发补贴和生产补贴)对再制造的影响[183]。Hu 等(2016)探讨了碳配额分配和政府补贴政策对闭环供应链中制造商利润和回收率的影响,表明两种方法的结合可有效实现回收和降低碳排放[184]。Miao 等(2016)解决了碳排放法规下的以旧换新问题,分析了碳税政策和碳限额与碳交易计划下制造商的最优定价和生产决策,表明通过精心设计政府补贴计划,可以降低碳排放总量,且不以制造商的利润为代价[185]。Shu 等(2017)研究了再制造补贴和退税两种补贴机制下的最佳生产策略,结果表明以旧换新补贴可以鼓励客户用新的和再制造的产品替换其现有产品。再制造补贴和退税都有利于制造商,并可进一步促进再制造发展[186]。Hazen 等(2017)将宏观层面的价格因素、政府激励和环境效益以及微观消费者态度的调节作用结合起来考察消费者从购买新产品转向再制造产品的意图。研究结果表明,消费者对再制造产品的态度是预测消费者转换产品的重要调节因素[187]。Zhang 等(2018)考察了碳交易及补贴政策对再制造闭环供应链的碳排放和企业利润的影响。结果表明,当碳交易价格和政府补贴满足一定条件时,碳交易和补贴政策的结合可以降低零售价格,提高回收率和需求,显著提高供应链的总利润及降低碳排放[188]。

申成然等(2013)引入专利保护机制,同时研究了政府补贴给制造商和第三方回收商的分散决策系统以及政府补贴给整个供应链的集中决策系统,在该系统下原制造商可以向第三方回收商收取回收再制造的专利费。结果显示,分散决策下,补贴不管给予哪个成员,产品的价格和回收价格都是一样的;而集中决策往往比分散决策更有效率,因此研究者还提出了一种收益-费用共享契约来协调供应链[189]。Wang 等(2014)提出了稍微有些不同的供应链系统:再制造商能够进行再制造活动,而制造商只能生产新产品,再制造商可以选择自己销售再制造产品也可以委托制造商销售,而政府补贴是给予再制造商以此来鼓励再制造活动。研究者认为,政府补贴过高或者过低都会导致再制造商与制造商进行销售竞争,但能促进再制造活动,而适度的补贴却能使再制造商和制造商进行合作[190]。孙浩等(2015)运用变分不等式理论,考虑了政府补贴下的制造商回收模式的多期闭环供应链网络均衡模型,客户的需求在不同规划期内是动态变化而不确定。结果显示,回收产品再制造比例的提高有利于渠道效果的改善,但提高的手段会同时产生损失,因此政府应当进行补贴,以促进供应链之间成员的协调[191]。

以上文献只研究了政府补贴在供应链当中纵向成员的影响,而没有考虑供应链横向成员的竞争。以下文献则考虑了在存在竞争的供应链当中,政府补贴对再制造的影响。

Mitra 和 Wbester(2008)建立了一个两阶段模型,制造商仅生产新产品,而再制造商生产再制造品,两种产品进行竞争,政府对再制造活动进行补贴以促进再制造活动。研究者发现当补贴全部给予再制造商时制造商利润会有所下降,因此考虑设计合理的补贴比例来协调供应链[192]。王文宾和达庆利(2013)研究的是政府奖惩机制对两个制造商竞争的供应链的影响,具体情况分为一个制造商选择进入再制造和两个制造商全部选择进入再制造这两种情况。奖惩机制下回收率明显提高,竞争使这个效果更加明显;在奖惩机制下,新产品的价格也有所下降,对消费者也更为有利[193]。朱庆华和周珊珊(2014)则研究了在汽车零部件行业背景下,政府补贴对制造商和再制造商竞争的供应链系统的影响,认为政府补贴能够有效促进再制造产业的发展,提高再制造商的收益[194]。贡文伟等(2014)则研究了一个闭环供应链系统:由一个制造商、一个零售商和一个回收商组成,零售商销售产品同时进行产品回收并与回收商形成回收竞争,但回收商不承担销售责任,政府对制造商给予补贴。结果表明,在回收存在竞争的情况下,政府补贴提高了零售商和回收商的回收量、回收价格和制造商、零售商以及回收商的利润[195]。

在政府补贴方面,已有大量的学者表明政府补贴可以增加企业和社会的福利,并对降低碳排放起至关重要的作用,可以刺激消费者购买再制造产品。

1.2.4.3 以旧换再补贴

随着生产方式逐渐成熟,再制造和以旧换新被认为有利于提高市场竞争力,所以被越来越多的人认可。为此,已有大量的学者对以旧换新进行了研究,为以旧换再提供了借鉴。

Erica(2001)研究了参与贸易的消费者的心理和行为[196]。Ray(2005)考虑了耐用产品市场上的最优折价返利和产品定价问题[197]。Li 和 Xu(2015)对技术创新产品的置换和租赁进行了比较,并指出置换可以保护制造商免受残值风险,并允许在不同的创新状态下分别提供期权的灵活性[198]。Zhang(2015)研究了政府的以旧换新政策在有战略消费者的情况下对企业利润和环境的影响[199]。Zhu 等(2016)构建了一个双寡头竞争的两阶段模型,其中一个企业实施以旧换新,而另一个企业不实施以旧换新,结果表明,采用以旧换新有利于带来市场份额和利润方面的竞争优势[200]。Agrawal 等(2016)研究了何时以及如何提供以旧换新折扣来回收旧产品,以实现更好的价格歧视并削弱来自第三方再制造商(3PR)的竞争。文章表明尽管再制造产品会蚕食新产品的销量,一个公司仍然有必要提供再制造产品来阻止 3PR 进入市场[201]。而对于再制造产品和以旧换新的定价和生产而言,存在大量关于以旧换新定价和生产策略的文献(Yan 等,2017;Xiao,2017;Miao 等,2017;Liu 等,2018;Liu 等,2018;Cao 等,2018;Huang,2018)[202-208]。例如,Miao 等(2017)开发了集中回收、零售商回收和制造商回收三种以旧换新的闭环供应链(CLSC)决策模型。基于生命周期评估方法,他们表明以旧换新可以促进 CLSC 系统的环境绩效,且只有当二手产品的直接净值足够高时以旧换再策略才能被用来刺激消费者需求,提高制造商和零售商的利润[204]。Cao 等(2018)研究了 B2C 平台下采用自营店和第三方店两种零售模型的企业的最佳以旧换新策略,分析了 B2C 平台下最优的用购物卡(GC)或现金券(CC)向消费者提供返利以旧换新方案,他们发现 GC 和 CC 并不总是对平台有利[207]。

这些文献为理解以旧换新做出了贡献,然而只有少量关于以旧换再定价和生产策略的文献。例如,Han 等(2017)在消费者对再制造品的接受程度和新产品的耐用性存在差异的情况下,研究了公司运营以旧换再项目的条件。表明增加政府补贴和降低产品耐用性能够激励消费参与以旧换再项目,且参与以旧换再项目能够增加产品回收率[209]。Ma 等(2017)在以旧换新和以旧换再项目共存的情况下,研究了企业的最优定价决策,并确定了企业是否应同时提供以旧换新和以旧换再的阈值,以及政府对以旧换再项目的补贴受预算限制情况下的企业最优策略[210]。Zhu 和 Wang(2018)在新产品和再制造产品存在蚕食的情况下,研究了以旧换新和以旧换再供应链混合交易的最优定价策略[211]。

上述文献从各个角度对以旧换新进行了研究,表明再制造和以旧换新有利于提高市场竞争力,并得出不同情况下制造商的最佳生产决策,为再制造和以旧换新做出来巨大贡献。然而,目前多数文章是研究以旧换新,而旧产品换再制造产品的文献非常少。尽管如此,这些文献仍然对理解以旧换再的生产和定价做出了重大贡献。

1.3　本书的内容与体系结构

从目前本书所涉及的研究领域来看,虽然政府激励与再制造供应链决策的相关研究已有比较丰富的成果,但本书所涉及的内容也是比较丰富的,具体研究内容如下:

第 1 章为绪论。本章主要阐述政府激励策略下的再制造供应链优化问题的研究背景、意义以及研究现状,对目前已有研究成果进行了梳理,并对本书的研究内容、研究方法和创新点进行归纳总结。

第 2 章对无政府激励机制下的再制造供应链回收与再制造决策展开了研究。本章拟通过考虑再制造产品价格对消费者支付意愿的影响,构建一个由原始设备制造商和再制造商组成的传统渠道模型,探索再制造供应链回收、生产创新模式,寻求其成员在分散决策下和中心决策下的再制造供应链各环节的优化策略。研究发现:集中化决策模型下的制造商和再制造商总利润高于分散化决策模型的总利润,不管再制造产品生产成本多低,整体供应链都会生产新产品。但当生产再制造产品的边际利润太低,整体供应链将不生产再制造产品;当生产再制造产品的边际利润适中,整体供应链会同时生产新产品和再制造产品,并且再制造产品生产量随着再制造产品的生产成本降低而上升。当制造商和再制造商利益不一致时,即分散决策模型时,在不同销售成本和再制造成本下有 8 个不同的决策区间,不同的区间会产生不同的决策行为。

第 3 章考虑政府回收补贴下具有回收竞争的再制造供应链决策。本章考虑政府对再制造活动进行补贴、消费者对不同企业的新再产品具有不同支付意愿以及回收竞争。对本地与外地制造商是否从事再制造所形成的四种市场情况建立模型,分析这四种情形下外地和本地企业从事再制造活动的条件,计算出四种情形下各厂商的产品最优产量。并通过算例分析对四种情形的结果进行了进一步的比较,分析政府再制造补贴以及回收竞争程度对企业的影响。结果表明:企业进入再制造需满足一定的条件,且政府补贴能够放宽该条件,促进再制造活动。消费者对再制造产品的接受程度以及政府补贴、回收竞争程度对最优结果皆有影响,且消费者对再制造产品接受程度较高时,从事再制造总是有利可图的。竞争会使企业利益受损,但适当的竞争能够提高供应链总利润和再制造产量,且消费者对竞争企业间的再制造产品接受程度相差较大或者回收竞争程度过于激烈时,供应链总利润反而会下降。

第 4 章考虑再制造补贴与碳税退税再制造供应链决策。以中国政府出台系列以旧换再政策鼓励消费者购买再制造产品为背景,考虑消费者在对新产品和再制造产品有差别支付意愿时不同消费者的购买决策。在此基础上以企业利润最大化为目标对无补贴、再制造补贴、碳税退税三种情形下的制造商的最优定价决策进行了比较研究。研究发现:政府推行以旧换再能有效促进再制造商品的销售和旧产品的回收,而且有利于推广再制造产品。政府再制造补贴、碳税退税都扩大了再制造产品市场份额,使造商获利。另外,经过数值仿真分析,发现碳税税率的提高可以增加社会福利、减少碳排放,但会损害企业利益与消费者剩余,因此政府必须给予补贴,以平衡利润和碳排放。而企业应不断改进技术、提高再制造产品质量和服务水平,以强化消费者对再制造产品的认可度,最终带来更大的收益。

第 5 章考虑政府补贴下存在碳税政策的再制造供应链决策。本章考虑了存在消费者支付意愿差异和产品耐用性差异,建立了存在碳税和政府补贴下的以旧换再再制造供应链模型。通过对模型的分析,这里得出了在有/无碳税和政府补贴的情况下,制造商(再制造)的最优定价和生产决策。结果表明:无碳税约束时,提高消费者的支付意愿和调整产品耐用性能够刺激消费者参与"以旧换再"项目,从而增加企业利润,但是也会造成碳回弹从而增加企业的碳排放量;当有碳税约束时,碳税政策能够抑制企业的碳排放,但是会使企业的利润受到损失。为了企业利润和碳排放量的"双赢",本章提出了政府补贴政策,并进行数值算例表明通过制定合适的碳税和政府补贴政策,可以在降低碳排放的同时增加企业利润。

第 6 章探索了不同政府激励策略下的再制造供应链决策。本章在考虑消费者支付意愿存在显著差异,消费者和制造商存在不同政府补贴分配比例下,建立了闭环供应链中的政府、制造商和消费者的两阶段博弈模型。本章在社会总收益最大化的前提下,探讨了政府补贴再制造品对产品价格、产品需求以及对消费者、制造商和社会收益的影响,通过数值仿真讨论了消费者偏好系数变化的影响。得到结论:政府补贴有利于促进再制造产品的需求,消费者剩余效用、制造商收益以及社会总收益都增加;政府补贴时应不允许制造商涨价,在考虑到制造商的积极性下尽量将补贴给消费者;应致力于提高消费者环保意识,使消费者偏好系数持续增大,这是促进再制造产品的生产与消费、提高资源的使用效率、减少环境污染、建设绿色供应链、推进可持续发展战略的根本途径。

第7章为总结。对本书内容进行总结,并对未来的延续性研究方向进行了展望。

综上,本书的内容体系结构可由图1.1所示。

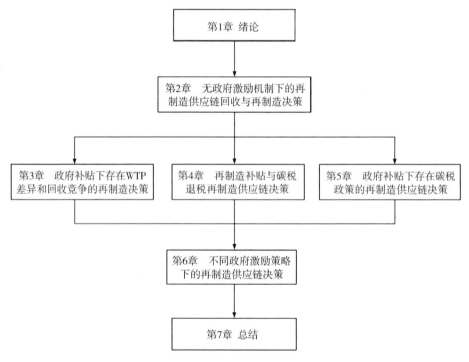

图 1.1　本书的内容体系结构图

1.4　本书的研究方法与创新点

1.4.1　本书的研究方法

本书主要以基于管理学与经济学的理论分析、逻辑推理和建模推导方法为主,以算例分析方法为辅。

本书首先通过文献查阅和小组讨论,对研究对象所涉及的主要影响因素进行量化,掌握各参数、变量的定性关系。在此基础上,提出既合乎管理学、经济学常识又便于数学处理的模型假设,建立合适的博弈模型。然后,应用运筹学、优化理论等方法进行结果解析推导,得到各因素的数量关系,从不同角度解释各因素之间的依存和变化规律。最后,通过数值算例分析,验证模型推导的有效性与正确性,同时分析有关参数对模型的结果的影响,并给出合理的经济学解释,提出相关管理建议。在此过程中主要运用的研究方法可以概括如下:

(1)文献查阅法。阅读大量相关文献,对已有的相关研究进行归纳与总结,发现已有研究的不足,学习相关研究方法,寻找可能的突破口,提出研究问题。

(2)模型与数学方法。书中运用到了博弈论中的主从博弈、动态博弈、非合作博弈,优化理论中的约束优化、静态优化。提出研究假设并建立数学模型,对数学模型性质进行分析,深化机理性研究,探寻闭环供应链最优生产、销售、回收等策略。

(3)应用研究法。对典型的闭环供应链企业进行数据收集,利用数值仿真算法探讨再制造商回收模式下回收率以及各类成本对再制造供应链成员生产决策的影响力度和影响效果,制造商对新产品和再制造产品的销售渠道选择以及生产模式选择。

(4)比较研究法。将政府补贴模型与无政府补贴模型进行对比,竞争模型和合作模型进行对比,探讨政府补贴再制造产品对消费者、制造商以及整个闭环供应链的影响,从而帮助供应链企业进行定价与生产决策,支持政府的最优化决策。

1.4.2　本书的创新点

本书以消费者对新产品与再制造产品支付意愿差异为切入点,以政府补贴为关键影响因子,通过剖析影响消费者支付意愿的关键因素与作用机理,分析消费者的消费心理与行为,挖掘需求特征规律;基于闭环供应链参与主体博弈分析,对消费者支付差异下再制造供应链相关生产、销售、回收决策展开了深入研究,在研究视角、研究思路、研究方法上有一定独特之处,主要创新如下:

(1)新产品与再制造产品价格差异是影响消费者支付意愿的首要因素。针对消费者对再制造产品的低价偏好,本书通过构建再制造商回收下的生产决策模型、电子渠道下销售决策模型,深入挖掘产品价格因素下消费者支付意愿对闭环供应链生产回收决策的影响,并提出降低再制造企业成本的运营策略,帮助再制造企业深入分析与研究自身所处的市场环境,制定有利的竞争决策,实现企业利益最大化。

（2）本书不仅考虑了消费者对新产品和再制造产品的认知差异，还考虑了消费者对本地企业与外地企业产品所存在的认知差异。在政府给予再制造活动以补贴时，本地制造商和外来再制造商考虑是否从事再制造，并且本书中，制造商和再制造商的竞争不仅是产品的销售竞争同时还有回收竞争。以此研究在不同场景下，各产品之间的产量关系以及企业间的利润关系。

（3）关于以旧换新和政府补贴再制造的研究已较全面，且大部分研究认为政府在促进再制造产业的发展和引导再制造消费方面可产生直接且积极的影响。因此，从盈利角度系统地分析政府推行以旧换再对制造商决策的影响非常有必要。其次，市场中拥有旧产品的消费者比例、以旧换再补贴补贴比例、消费者的差别支付意愿等因素都会对企业的销量和利润产生影响，因此本书从最简单的情形出发，研究政府以旧换再补贴下企业是否有利可图？哪些因素会影响企业的在以旧换再补贴下的销量和利润以及如何影响？

（4）在政府补贴方面，已有大量的学者表明政府补贴可以增加企业和社会的福利，并对降低碳排放起至关重要的作用，可以刺激消费者购买再制造产品。因此，将政府补贴加入碳税和以旧换再可能会增加企业的利润同时减排。企业的最优定价策略和利润不仅受再制造成本和排放效率等自身特点的影响，而且还取决于政府的碳税和补贴方案。所以这里考虑了以旧换再折扣，还考虑了政府补贴和碳税政策下的以旧换再对环境以及企业利润的影响。

（5）以往文献大多仅限于将政府补贴作为博弈模型中的一个固定参数，未对其展开详细的研究。部分文献研究制造商补贴，以避免最终产品价格上涨或刺激生产和流通；部分文献研究消费者补贴，以帮助消费者应对价格上涨或刺激消费。然而两种补贴模式何者更优则鲜有文献进行比较，未得出相关结论。本书允许对消费者进行补贴的同时又对生产商进行补贴，考虑补贴分配这一连续变化的过程，还进一步求得不同情形下的最优政府补贴额及其分配比例，这也许是政府补贴对再制造闭环供应链影响研究的进一步拓展。

第2章　无政府激励机制下的再制造 供应链回收与再制造决策

本章通过考虑再制造产品价格对消费者支付意愿的影响,构建一个由原始设备制造商和再制造商组成的传统渠道模型,探索闭环供应链回收、生产创新模式,寻求其成员在分散决策下和集中决策下的再制造供应链各环节优策略。研究发现:集中化决策模型下的制造商和再制造商总利润高于分散化决策模型的总利润,不管再制造产品生产成本多低,整体供应链都会生产新产品。当制造商和再制造商利益不一致时,即分散决策模型时,在不同销售成本和再制造成本下有 8 个不同的决策区间,不同的区间会产生不同的决策行为。

2.1　背　景

闭环供应链(CLSC)的概念是由于对世界可持续发展的日益关注而产生的,在再制造产业发展的初期,许多企业根据新产品价格来确定再制造产品价格。随着再制造产业的发展,再制造产品由于定价较低,使得对价格敏感的消费者转向再制造产品。随着市场对再制造产品的接受度逐渐提高,再制造产品会抢占新产品的市场份额,对新产品产生冲击。企业为谋求利益最大化,会降低再制造产品的单位成本,针对价格因素制定相应策略。因而,产品价格因素影响消费者支付意愿差异下的再制造供应链决策问题的研究至关重要。

本章通过考虑再制造产品价格对消费者支付意愿的影响,构建传统渠道模型,探索闭环供应链回收、生产创新模式,寻求产品价格因素影响下的再制造供应链各环节优化策略。本章中,由于再制造商负责回收和生产再制造产品,因此设定再制造商作为领导者,制造商作为跟随者。针对当前闭环供应链研究与实践中的再制造决策问题,本章考虑一个由再制造商和制造商组成的再制造供应链,制造商并不直接参与再制造的行业结构,包括汽车、手机行业等。制造商在两阶段均生产新产品,直接销售给消费者,而在第二阶段则是再制造商负责回收再制造所有旧产品,制造商作为再制造商的经销商,再制造产品与新产品有差异,企业定义不同的价格。由此产生了两个问题:再制造商是否愿意与制造商合作,通过制造商销售再制造产品给消费者? 再制造商是否会与制造商进行竞争,由自己直接销售再制造产品给消费者? 对于再制造商来说,这是一个与销售成本、生产成本以及回收率有关的重要决策,同时亦会影响到制造商的生产决策。本章旨在构建一个由原始设备制造商(OEM)和再制造商组成的闭环供应链,研究其成员在分散决策下和中心决策下的成本利润和均衡产量。再制造商作为回收和生产再制造的主体,并被视为 Stackelberg 领导者,再制造商可以自己销售再制造产品,同时也可以是 OEM 的批发商。研究再制造商在每一种策略下的决策和收益,而再制造商的决策进一步影响制造商的决策,其后研究各类成本和回收率对 OEM 和再制造商收益和产量的影响。

2.2　模型与假设

这里考虑两阶段设置,探索再制造商回收模式下制造商和再制造商在销售市场和回收市场的竞争与合作关系。第一阶段中,制造商决定新产品的生产数量,本阶段没有旧产品。第二阶段开始,再制造商回收第一阶段的旧产品并生产再制造产品,同时制造商生产新产品。很多研究设置消费者对新产品和再制造产品视为一样(Savaskan 等, 2004;Atasu 等, 2010;Bulmus 等, 2013)[217-219],也有一些研究视新产品和再制造产品存在差异(Ferrer 等, 2006)[220]。本章假设消费者对再制造产品的支付意愿低于对新产品的支付意愿。本章的第二个假设为再制造商销售再制造产品时存在销售成本。这是因为制造商有成熟的物流网络结构,所以制造商不需要为销售再制造产品承担额外的销售成本,而再制造商作为回收再制造的主体,并不一定销售再制造产品。因此,这里假设再制造商需为此承担额外的销售成本。本章的第三个假设为再制造商负责回收第一阶段使用过的产品,有效保证回收的数量和质量。

表 2.1　集中化决策与分散化决策模型参数设置

参数	含义
p_1	第一阶段制造商销售新产品的价格
q_1	第一阶段制造商销售新产品的数量
p_{2n}	第二阶段制造商销售新产品的价格
p_{2r}	第二阶段制造商销售再制造产品的价格
p_{2i}	第二阶段再制造商销售再制造产品的价格
q_{2n}	第二阶段制造商销售新产品的数量
q_{2r}	第二阶段制造商销售再制造产品的数量
q_{2i}	第二阶段再制造商销售再制造产品的数量
v	第二阶段回收第一阶段旧产品的回收成本以及再制造产品的生产成本
c_n	新产品的生产成本
c_r	再制造商销售再制造产品的成本
δ	旧产品的可回收率
ρ	消费者对再制造产品相对于新产品的偏好
π_{ij}	各阶段各参与者的利润$(i=1,2;j=M,R)$,M 为制造商,R 为再制造商

本章中下标 $i \in \{I, D\}$,分别代表制造商和再制造商的一体化决策以及制造商和再制造商的分散化决策。下标 $j \in \{a, b, c, d, e, f, g\}$,代表不同的决策情况。

本章中的模型考虑两个阶段,第一阶段中,制造商只生产新产品,旧产品在第一阶段中不存在。这里可以求得第一阶段制造商只生产新产品时的最优决策。此时消费者对于新产品的需求量 q_1 与新产品销售价格 p_1 之间的关系为:$p_1 = (1 - q_1)$,需求函数为 Debo 等(2005)和 Ferguson 等(2006)提到的线性需求函数[221,222]。此时,制造商的利润函数为:

$$\max_{q_1} \pi_{1M} = (p_1 - c_n) q_1$$

$$s.t. q_1 \geqslant 0$$

将销售价格 $p_1 = (1 - q_1)$ 代入制造商的利润函数中,求得最优新产品的生产数量函数为 $q_1 = \dfrac{1 - c_n}{2}$,由于约束条件为 $q_1 \geqslant 0$,所以要求 $c_n \leqslant 1$。此时,新产

品销售价格为 $p_1 = \dfrac{1+c_n}{2}$，制造商最优利润为 $\pi_{1M} = \dfrac{(1-c_n)^2}{4}$。在第二阶段新产品和再制造产品的生产活动分析中，这里默认存在约束 $c_n \leqslant 1$。

第二个阶段，加入了旧产品的回收活动和再制造产品的生产销售活动。再制造商作为回收主体，同时生产再制造产品，有四种决策选择（见图 2.1：图中 M 为制造商，R 为再制造商；实线为新产品；虚线箭头向下为再制造产品，虚线箭头向上为回收废旧产品，虚线箭头向左为批发再制造产品）。第一种，选择与制造商进行合作，共同进行决策（集中化决策 I 模型）。第二种，自己销售部分再制造产品，批发部分再制造产品给制造商，见分散化决策 D 模型（a）。第三种，自己销售全部再制造产品，与制造商生产的新产品进行竞争，见分散化决策 D 模型（b）。第四种，自己不销售任何再制造产品，全部批发给制造商，利用制造商原有的供应链网络进行再制造产品的销售活动，见分散化决策 D 模型（c）。接下来，这里分析制造商和再制造商共同决策的 I 模型以及制造商和再制造商分散决策的 D 模型。

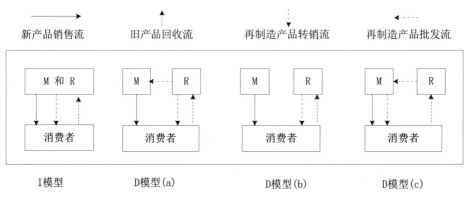

图 2.1　集中化决策和分散化决策模型结构图

2.3　两阶段闭环供应链集中化生产决策模型

2.3.1　集中化生产决策模型分析

由于制造商有成熟的网络，制造商不需要为销售再制造产品承担额外的销售成本，所以制造商和再制造商构成总体供应链的利润函数为：

$$\pi_{2M} = (p_{2n} - c_n) q_{2n} + (p_{2r} - v) q_{2r}$$

$$s.t. \begin{cases} \delta q_1 \geqslant q_{2r} \\ q_{2n}, q_{2r} \geqslant 0 \end{cases}$$

利用 KKT 条件,可以得出不同再制造产品的成本条件下,制造商和再制造商构成的整体供应链对于新产品和再制造产品的最优生产量情况,如表 2.2。

表 2.2 集中化决策模型下新产品和再制造产品的最优生产量

	q_{2n}^I	q_{2r}^I
$v < v_3^I$	$\dfrac{(1-\delta\rho)(1-c_n)}{2}$	$\dfrac{\delta(1-c_n)}{2}$
$v_3^I \leqslant v \leqslant v_1^I$	$\dfrac{1+v-\rho-c_n}{2(1-\rho)}$	$\dfrac{\rho c_n - v}{2\rho(1-\rho)}$
$v_1^I < v$	$\dfrac{(1-c_n)}{2}$	0

其中,$v_1^I = \rho c_n$,$v_3^I = \rho c_n - \delta\rho(1-\rho)(1-c_n)$

将表 2.2 的内容进行整理,得到命题 1。

命题 1 制造商和再制造商共同决策时,可得到整体供应链下的最优新产品和再制造产品数量以及最优利润,进一步得到了以下三个策略。

(1)决策 I-a。当再制造产品的生产成本 v 满足 $v < v_3^I$ 时,集成制造商(制造商和再制造商联合决策时的统一称呼)确定新产品的销售数量为:$q_{2n}^{Ia} = \dfrac{(1-\delta\rho)(1-c_n)}{2}$,集成制造商确定再制造产品的销售数量为:$q_{2r}^{Ia} = \dfrac{\delta(1-c_n)}{2}$,此时,整个供应链的利润为:

$$\pi_{M2}^I = \frac{(1-\delta\rho)(1-c_n)^2 + \delta(1-c_n)[2c_n\rho - 2v + \rho(1-c_n)(1-\delta+\delta)]}{4}$$

(2)决策 I-b。当再制造产品的生产成本 v 满足 $v_3^I \leqslant v \leqslant v_1^I$ 时,集成制造商确定新产品的销售数量为:$q_{2n}^{Ib} = \dfrac{1+v-\rho-c_n}{2(1-\rho)}$,集成制造商确定再制造产品的销售数量为:$q_{2r}^{Ib} = \dfrac{\rho c_n - v}{2\rho(1-\rho)}$,此时,整个供应链的利润为:

$$\pi_{M2}^I = \frac{\rho(1-c_n)(1+v-\rho-c_n) + (\rho c_n - v)(\rho - v)}{4\rho(1-\rho)}$$

（3）决策 I-c。当再制造产品的生产成本 v 满足 $v_1^I < v$ 时，集成制造商确定新产品的销售数量为：$q_{2n}^{Ic} = \dfrac{(1-c_n)}{2}$，集成制造商确定再制造产品的销售数量为：$q_{2r}^{Ic} = 0$，此时，整个供应链的利润为：$\pi_{M2}^I = \dfrac{(1-c_n)^2}{4}$。

由命题 1 可以发现，不管再制造产品生产成本多低，整体供应链都会生产新产品。当 $v_1^I < v$ 时，生产再制造产品的边际利润太低，所以整体供应链不生产再制造产品；当 $v_3^I \leqslant v \leqslant v_1^I$ 时，整体供应链会同时生产新产品和再制造产品，并且再制造产品生产量随着 v 的降低而上升，直到降低到 v_3^I，再制造产品达到可生产量的最大限制。

2.3.2　集中化生产决策下的敏感性分析

以命题 1 为基础，分析成本参数 c_n、v 和回收率 δ 对于整体供应链再制造生产定价决策的影响。此时，决策受测试参数影响的情况如表中所示，并会在图中加以体现。以区域划分的临界值作为纵轴，将图划分为多个范围，其中图 2.2、2.3 左图从左到右三个范围分别对应着决策 I-a、决策 I-b 和决策 I-c，右图从左到右三个范围则对应着决策 I-c、决策 I-b 和决策 I-a。参照 Xiong 等（2016）[223]对于参数的设规则，为展示各参数变化对最优决策的影响，具体参数的设置情况为 $\rho = 0.7$，$\delta = 0.7$。当分析 c_n 对供应链成员再制造生产定价决策的影响时，令 $v = 0.2$；当分析 v 对于决策的影响时，令 $c_n = 0.5$。其中，符号"＋"代表最优决策随测试参数增大而增大，符号"－"代表最优决策随测试参数增大而减小，符号"0"代表最优决策不受测试参数影响。

根据表 2.3 和图 2.2(b) 可知，当新产品成本上升时，新产品的生产量始终是降低的。但再制造产品生产量在决策 I-a 中会随着新产品成本上升而降低，在决策 I-b 中则会随着新产品成本上升而上升；在决策 I-c 中，由于没有再制造产品的生产故不受 c_n 的影响。因为在第一阶段中，新产品的生产量受 c_n 控制，而第二阶段是通过回收第一阶段旧产品进行再制造的。那么 c_n 上升时，最大可再制造旧产品的数量降低，故生产出的再制造产品产量降低。而在决策 I-b 中，再制造产品并未达到最大可生产量，新产品与再制造产品之间存在替代效应，新产品成本的上升使得再制造产品生产量上升。

根据图 2.2(a)，再制造产品成本的变化只会在决策 I-b 范围内影响产品的生产。在决策 I-c 范围内,不存在再制造产品的生产,那么新产品的生产量只受新产品成本的影响。在决策 I-a 范围内,再制造产品生产量达到极大值,v 的小幅度变动并不会打破这种平衡,替代效应不起作用,那么新产品产量也保持稳定。而在决策 I-b 中,再制造产品产量没达到稳定值,还是受再制造产品成本的影响,故再制造产品成本上升时,再制造产品产量降低,同时新产品产量上升。

表 2.3　参数变化对集中化模型中最优产品生产量的影响

	q_{2n}^{Ia}	q_{2n}^{Ib}	q_{2n}^{Ic}	q_{2r}^{Ia}	q_{2r}^{Ib}	q_{2r}^{Ic}
c_n	—	—	—	—	+	0
v	0	+	0	0	—	0
δ	—	0	0	+	0	0

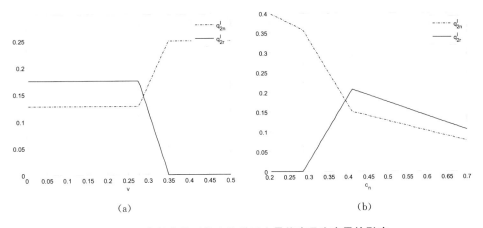

(a)　　　　　　　　　　　(b)

图 2.2　参数变化对集中化模型中最优产品生产量的影响

回收率的变动只在再制造产量达到最大值时才会影响到新产品的产量。究其原因是再制造产品的产量没达到最大值时,回收率的变动不影响再制造产品的产量,更不会影响到新产品的产量。那么在决策 I-a 范围内,由于受回收率 δ 的限制,再制造产品产量保持稳定。那么,当回收率上升时,整体供应链势必会选择生产更多的再制造产品,同时减少新产品的生产。

根据表 2.4 和图 2.3(a)和(b)可知,当新产品成本上升时,整体供应链的利润总是降低的。根据表 2.4 知道,在决策 I-b 范围内,再制造产品产量会上升,但是新增再制造产品所带来的收益不足以弥补新产品边际成本降低所带来的损失。再制造产品成本上升时,只要再制造产品产量不为零就会使整体供应链利润降低。在决策 I-a 范围内,虽然新产品和再制造产品产量都不会变化,但是再制造产品边际利润降低,故总利润降低。在决策 I-a 中,回收率上升时,整体供应链会将部分资源从新产品生产转移到再制造产品的生产中去,再制造产品的高边际利润会带动整体供应链的总利润上升。其他范围中产品生产量不受回收率的影响,利润额自然也不受回收率的影响。

表 2.4 参数变化对集中化模型中最优整体供应链利润的影响

	π_{2M}^{Ia}	π_{2M}^{Ib}	π_{2M}^{Ic}
c_n	—	—	—
v	—	—	0
δ	+	0	0

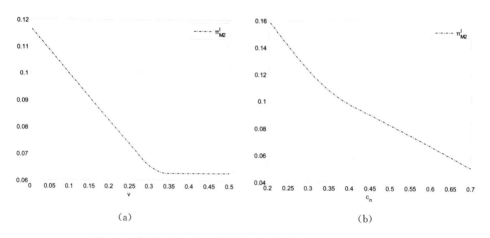

（a）　　　　　　　　　　　　　（b）

图 2.3 参数变化对集中化模型中最优整体供应链利润的影响

2.4 两阶段闭环供应链分散化生产决策模型

2.4.1 分散化生产决策模型分析

这个模型中,制造商和再制造商进行决策,以各自的利益最大化为目标,该模型称为分散决策 D 模型,假设再制造商为 Stackelberg 博弈的领导者,再制造商可根据自身生产成本和销售成本情况选择不同的决策,可以只给制造商提供再制造产品,也可以给制造商提供再制造产品的同时自己也销售再制造产品或者是仅仅自己销售再制造产品。在这样的模型假设中,再制造商先确定卖给制造商再制造品的批发价格和自己的再制造产品的生产量和价格,再由制造商确定其新产品和再制造产品的生产量。这里采用逆向归纳法进行求解。

第二阶段是制造商进行新产品和再制造产品销量的决策。

$$\max_{q2n,q2r} \pi_{2M} = (p_{2n} - c_n)q_{2n} + (p_{2r} - w_{2r})q_{2r}$$

$$s.t. \begin{cases} \delta q_1 \geq q_{2r} + q_{2i} \\ q_{2n}, q_{2r}, q_{2i} \geq 0 \end{cases}$$

以 λ_1、λ_2 和 λ_3 作为松弛变量的对应乘数,将原问题改成拉格朗日函数。

命题 2　当再制造产品的批发价 w_{2r} 变化时,制造商确定新产品的销售数量 q_{2n}^D,确定再制造产品的销售数量 q_{2r}^D。进一步可以得到制造商将采取的三种策略,如表 2.5。

表 2.5　分散决策模型中新产品和再制造产品销售量

	q_{2n}^D	q_{2r}^D
$w_1^D < w_{2r}$	$\dfrac{1 - c_n - \rho q_{2i}}{2}$	0
$w_3^D \leq w_{2r} \leq w_1^D$	$\dfrac{1 + w_{2r} - c_n - \rho}{2(1-\rho)}$	$-\dfrac{\rho q_{2i}(1-\rho) + w_{2r} - c_n\rho}{2\rho(1-\rho)}$
$w_{2r} < w_3^D$	$\dfrac{(1-\delta\rho)(1-c_n)}{2} + \dfrac{\rho q_{2i}}{2}$	$\dfrac{\delta(1-c_n)}{2} - q_{2i}$

其中,$w_1^D = c_n\rho - \rho q_{2i}(1-\rho)$,$w_3^D = \rho[c_n(1+\delta-\delta\rho) + (1-\rho)(q_{2i}-\delta)]$。

根据表 2.5 可知,再制造商自销的再制造产品数量不会影响制造商销售策略的选择,只有再制造商设置再制造产品批发价格才会影响制造商的策略,但是再制造商销售的再制造产品数量会影响到具体策略中的产品产量。随着 w_{2r} 的降低,制造商有 $q_{2r}^D = 0$,$0 < q_{2r}^D < \delta q_1 - q_{2i}$ 和 $q_{2r}^D = \delta q_1 - q_{2i}$ 三种策略,并且新产品生产量都不恒等于 0。

第一阶段是再制造商确定自己销售再制造品的数量和转卖给制造商的再制造产品批发价格。此时,再制造商的利润函数为:

$$\max_{q2i,w2r} \pi_{2R} = (w_{2r} - v)q_{2r} + (p_{2i} - c_r - v)q_{2i}$$

$$s.t. \begin{cases} \delta q_1 \geqslant q_{2r} + q_{2i} \\ q_{2i} \geqslant 0 \end{cases}$$

命题 3 当再制造产品的生产成本 v 和再制造商的销售成本 c_r 变化时,再制造商确定再制造产品的销售数量 q_{2i}^D。进一步可以得到再制造商将采取的策略。

(1)当 $0 \leqslant v < v_1^D$ 时,$c_3^D - c_1^D = v - c_n\rho + \delta\rho(1-\rho)(1-c_n) < -\delta\rho(1-\rho) \cdot$ $(1-c_n) \leqslant 0$,$c_3^D - c_2^D = v - c_n\rho - \dfrac{\delta\rho^2(1-c_n)}{2} \leqslant 0$,当 $c_r < c_3^D$ 时,再制造商会选择 $q_{2i}^D = \dfrac{\delta(1-c_n)}{2}$ 的策略。

(2)当 $v_1^D \leqslant v \leqslant v_2^D$ 时,$c_3^D - c_1^D = v - c_n\rho + \delta\rho(1-\rho)(1-c_n) \leqslant 0$,当 $c_r < c_3^D$ 时,再制造商会选择 $q_{2i}^D = \dfrac{\delta(1-c_n)}{2}$ 的策略。

(3)当 $v_2^D < v \leqslant v_3^D$ 时,$c_8^D - c_1^D = \dfrac{\delta\rho(1-c_n)(2-\rho)}{2} - \dfrac{(2-\rho)(c_n\rho - v)}{2(1-\rho)} > 0$,$c_8^D - c_2^D = -\dfrac{(2-\rho)(c_n\rho - v)}{2(1-\rho)} \leqslant 0$,当 $c_r < c_1^D$,再制造商会选择 $q_{2i}^D = \dfrac{\delta(1-c_n)}{2}$ 的策略;而当 $c_1^D \leqslant c_r \leqslant c_8^D$ 时,再制造商会选择 $q_{2i}^D = \dfrac{\rho(1+c_n) - 2(c_r + v)}{2\rho(2-\rho)}$ 的策略。

(4)当 $v_3^D < v$ 时,当 $c_r < c_1^D$,再制造商会选择 $q_{2i}^D = \dfrac{\delta(1-c_n)}{2}$ 的策略;而当 $c_1^D \leqslant c_r \leqslant c_2^D$ 时,再制造商会选择 $q_{2i}^D = \dfrac{\rho(1+c_n) - 2(c_r + v)}{2\rho(2-\rho)}$ 的策略;当 $c_2^D < c_r$,再制造商会选择 $q_{2i}^I = 0$ 的策略。

根据新产品和再制造产品销售价格与销售数量之间的关系式,以及整体供应链的利润函数 $\pi_{2M} = (p_{2n} - c_n)q_{2n} + (p_{2r} - v)q_{2r}$,可以获得不同再制造产品成本下的最优整体供应链利润函数,结果如表 2.6 所示。

表 2.6 分散模型下整体供应链的最优利润额

	π_{M2}^I
$v < v_3^I$	$\dfrac{(1-\delta\rho)(1-c_n)^2 + \delta(1-c_n)[2c_n\rho - 2v + \rho(1-c_n)(1-\delta+\delta\rho)]}{4}$

续表

	π_{M2}^I
$v_3^I \leqslant v \leqslant v_1^I$	$\dfrac{\rho(1-c_n)(1+v-\rho-c_n)+(\rho c_n-v)(\rho-v)}{4\rho(1-\rho)}$
$v_1^I < v$	$\dfrac{(1-c_n)^2}{4}$

表 2.7　分散模型下再制造商的最优再制造产品销售量和批发价格

	q_{2i}^D	w_{2r}^D
$c_2^D < c_r$	0	不存在
$c_1^D \leqslant c_r \leqslant c_2^D$	$\dfrac{\rho(1+c_n)-2(c_r+v)}{2\rho(2-\rho)}$	不存在
$c_r < c_1^D$	$\dfrac{\delta(1-c_n)}{2}$	不存在
$v_2^D < v \leqslant v_3^D$ 且 $c_8^D \leqslant c_r \leqslant c_7^D$ 或者 $v_1^D \leqslant v \leqslant v_2^D$ 且 $c_5^D \leqslant c_r \leqslant c_7^D$	$\dfrac{\rho-2c_r-v}{2\rho}$	$\dfrac{\rho c_n+v}{2}$
$0 \leqslant v < v_1^D$ 且 $c_3^D \leqslant c_r \leqslant c_4^D$ 或者 $v_1^D \leqslant v \leqslant v_2^D$ 且 $c_3^D \leqslant c_r \leqslant c_5^D$	$-\dfrac{c_r}{\rho(2-\rho)}+\dfrac{(1-c_n)(1+2\delta-2\delta\rho)}{2(2-\rho)}$	$c_n\rho-\dfrac{c_r(1-\rho)}{(2-\rho)}+\dfrac{\rho(1-\rho)(1-2\delta)(1-c_n)}{2(2-\rho)}$
$v_1^D \leqslant v \leqslant v_3^D$ 且 $c_r > c_7^D$	0	$\dfrac{v+c_n\rho}{2}$
$0 \leqslant v < v_1^D$ 且 $c_4^D < c_r$	0	$c_n\rho-\delta\rho(1-\rho)(1-c_n)$

　　其中，$v_1^D=c_n\rho-2\delta(1-\rho)(1-c_n)$，$v_2^D=c_n\rho-\delta(1-\rho)(1-c_n)$，$v_3^D=c_n\rho$，$c_1^D=-\dfrac{\delta\rho(1-c_n)(2-\rho)}{2}+\dfrac{\rho(1+c_n)}{2}-v$，$c_2^D=\dfrac{\rho(1+c_n)}{2}-v$，$c_3^D=\dfrac{\rho(1-\delta\rho)(1-c_n)}{2}$，$c_4^D=\dfrac{\rho(1-c_n)(1+2\delta-2\delta\rho)}{2}$，$c_5^D=\dfrac{c_n\rho(1+2\delta-2\delta\rho)}{2(1-\rho)}-\dfrac{v(2-\rho)}{2(1-\rho)}+\dfrac{\rho(1-2\delta)}{2}$，$c_6^D=\dfrac{c_n\rho(3+2\delta-2\delta\rho-\rho)}{2(1-\rho)}-\dfrac{v(2-\rho)}{(1-\rho)}+\dfrac{\rho(1-2\delta)}{2}$，$c_7^D=\dfrac{\rho-v}{2}$，$c_8^D=\dfrac{\rho(v-c_n+1-\rho)}{2(1-\rho)}$。

根据表 2.6 和表 2.7 的结论,整理得到命题 4。

命题 4 当再制造产品的生产成本 v 和再制造商的销售成本 c_r 变化时,制造商确定销售新产品的数量 q_{2n}^D 和再制造产品的数量 q_{2r}^D,再制造商确定再制造产品的销售数量 q_{2i}^D。进一步可以得到制造商和再制造商将采取的策略。

决策 D-a: 当 $v_3^D < v$ 且 $c_2^D < c_r$ 时,$q_{2n}^{Da} = \dfrac{(1-c_n)}{2}$,$q_{2r}^{Da} = 0$,$q_{2i}^{Da} = 0$,$w_{2r}^{Da}$ 不存在。

决策 D-b: 当 $v_3^D < v$ 且 $c_1^D \leqslant c_r \leqslant c_2^D$ 或者 $v_2^D < v \leqslant v_3^D$ 且 $c_1^D \leqslant c_r \leqslant c_8^D$ 时,

$$q_{2n}^{Db} = \frac{2(c_r + v) + 4(1 - c_n) + \rho(c_n - 3)}{4(2 - \rho)}, q_{2r}^{Db} = 0, q_{2i}^{Db} = \frac{\rho(1 + c_n) - 2(c_r + v)}{2\rho(2 - \rho)},$$

w_{2r}^{Db} 不存在。

决策 D-c: 当 $0 \leqslant v < v_2^D$ 且 $c_r < c_3^D$ 或者 $v_2^D < v$ 且 $c_r < c_1^D$ 时,$q_{2n}^{Dc} = \dfrac{(2 - \rho\delta)(1 - c_n)}{4}$,$q_{2r}^{Dc} = 0$,$q_{2i}^{Dc} = \dfrac{\delta(1 - c_n)}{2}$,$w_{2r}^{Dc}$ 不存在。

决策 D-d: 当 $v_2^D < v \leqslant v_3^D$ 且 $c_8^D \leqslant c_r \leqslant c_7^D$ 或者 $v_1^D \leqslant v \leqslant v_2^D$ 且 $c_5^D \leqslant c_r \leqslant c_7^D$ 时,

$$q_{2n}^{Dd} = \frac{1}{2} + \frac{v}{4(1 - \rho)} - \frac{c_n(2 - \rho)}{4(1 - \rho)}, q_{2r}^{Dd} = \frac{c_r}{2\rho} - \frac{1}{4} + \frac{c_n - v}{4(1 - \rho)}, q_{2i}^{Dd} = \frac{\rho - 2c_r - v}{2\rho},$$

$w_{2r}^{Dd} = \dfrac{\rho c_n + v}{2}$。

决策 D-e: 当 $0 \leqslant v \leqslant v_1^D$ 且 $c_3^D \leqslant c_r \leqslant c_4^D$ 或者 $v_1^D \leqslant v \leqslant v_2^D$ 且 $c_3^D \leqslant c_r \leqslant c_5^D$ 时,

$$q_{2n}^{De} = -\frac{c_r}{2(2 - \rho)} + \frac{(1 - c_n)(4 - \rho - 2\delta\rho)}{4(2 - \rho)}, q_{2r}^{De} = \frac{c_r}{\rho(2 - \rho)} - \frac{(1 - \rho\delta)(1 - c_n)}{2(2 - \rho)},$$

$$q_{2i}^{De} = -\frac{c_r}{\rho(2 - \rho)} + \frac{(1 - c_n)(1 + 2\delta - 2\delta\rho)}{2(2 - \rho)}, w_{2r}^{De} = c_n\rho - \frac{c_r(1 - \rho)}{(2 - \rho)}$$

$$+ \frac{\rho(1 - \rho)(1 - 2\delta)(1 - c_n)}{2(2 - \rho)}$$。

决策 D-f: 当 $v_1^D \leqslant v \leqslant v_3^D$ 且 $c_r > c_7^D$ 时,$q_{2n}^{Df} = \dfrac{1}{2} + \dfrac{v}{4(1 - \rho)} - \dfrac{c_n(2 - \rho)}{4(1 - \rho)}$,

$q_{2r}^{Df} = \dfrac{c_n\rho - v}{4\rho(1 - \rho)}$,$q_{2i}^{Df} = 0$,$w_{2r}^{Df} = \dfrac{v + c_n\rho}{2}$。

决策 D-g: 当 $0 \leqslant v < v_1^D$ 且 $c_4^D < c_r$ 时,$q_{2n}^{Dg} = \dfrac{(1 - \delta\rho)(1 - c_n)}{2}$,$q_{2r}^{Dg} =$

$\dfrac{\delta(1-c_n)}{2}$，$q_{2t}^{Dg}=0$，$w_{2r}^{Dg}=c_n\rho-\delta\rho(1-\rho)(1-c_n)$。

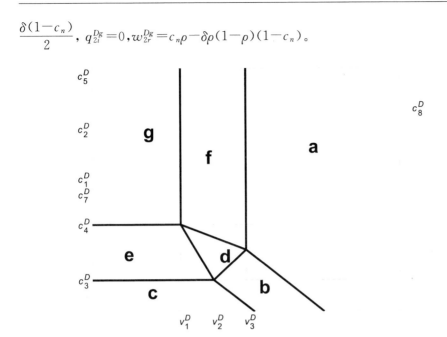

图 2.4　分散决策模型中再制造商的策略选择

图 2.4 说明分散决策模型中再制造商在再制造成本 c_1^D，$c_2^D\cdots c_7^D$ 和销售成本 v_1^D，v_2^D，v_3^D，不同的决策区域用符号 a，b，c，d，e，f，g 标记。命题 4 中的决策情况都是基于 $c_n\geqslant\dfrac{2\delta\rho(1-\rho)}{\rho+2\delta\rho(1-\rho)}$ 的条件，这样才能保证 v_1^D，v_2^D 和 v_3^D 都大于 0；当 $\dfrac{\delta\rho(1-\rho)}{\rho+\delta\rho(1-\rho)}<c_n<\dfrac{2\delta\rho(1-\rho)}{\rho+2\delta\rho(1-\rho)}$ 时，$v_1^D<0$，此时决策中的 $0\leqslant v<v_1^D$ 条件都不存在，即 D-g 决策情况不存在；当 $0<c_n\leqslant\dfrac{\delta\rho(1-\rho)}{\rho+\delta\rho(1-\rho)}$ 时，v_1^D，$v_2^D<0$，决策中的 $0\leqslant v<v_1^D$ 和 $v_1^D<v\leqslant v_2^D$ 条件都不存在，即 D-g 和 D-e 决策情况不存在。

命题 4 和图 2.4 表明，再制造生产成本和销售成本决定了制造商和再制造商的决策选择，并且制造商和再制造商的决策之间是相互影响的。(1)当再制造成本较低时，再制造产品产量会达到最大值，只是销售成本不同时，再制造商自销的和转销给制造商的数量比例会存在差异。那么随着销售成本的上升，再制造商越倾向于将再制造产品批发给制造商。(2)当再制造成本较高时，只有同时满足销售成本较低时，再制造商才会选择自己回收旧产品、进行再制造并进行销售。这是因为不管是自销还是转销都需要回收旧产品进行再制造，再制造成本太高了,那么生产再制造产品的利润会过低甚至为零,再制造商当然不会生产再制造产品。(3)销售成本很低时,再制造商倾向于自己销售所生产的再制造产品,这是因为如果让制造商进行转销,制造商会攫取部分再制造产品的利润。销售成本很低时,还不如转销给制造商带来的边际利润减少,这就形成了制造商和再制造商之间完全竞争关系。(4)当销售成本适中且再制造成本较低时才会出现再制造商自销的同时,也批发部分产品给制造商。此时,制造商与再制造商之间既存在竞争关系也存在合作关系。(5)当销售成本较高时,再制造商自销的利润过低,故选择批发给制造商,自己作为回收商的角色。(6)新产品成本的大小也会影响到再制造商策略的选择问题。只有当新产品成本很高时才会出现上述策略。那是因为新产品成本较低时,制造商生产的新产品挤占了市场,消费者对于再制造产品的支付意愿本就低于新产品,若制造商降低新产品售价,势必导致再制造商所能够生产的再制造产品产量降低。同时,新产品成本的降低会使第一阶段的新产品数量增多,可用于再制造的数量变得更多,那么再制造产品产量的最大值更难达到。

2.4.2 分散化生产决策下的敏感性分析

以命题 4 为基础,分析成本参数 c_n、v、c_r 和回收率 δ 对再制造商和制造商再制造生产定价决策的影响。此时,决策受测试参数影响的情况如表所示,并会在图中加以体现。参照 Xiong 等(2016)[223] 对参数的设置规则,为展示各参数变化对最优决策的影响,具体参数的设置情况为 $\rho=0.7$,$\delta=0.7$,$c_n=0.5$,并让 c_r 和 v 都在 0 至 0.5 之间进行变动。其中,符号"+"代表最优决策随测试参数增大而增大,符号"−"代表最优决策随测试参数增大而减小,符号"0"代表最优决策不受测试参数影响。

根据制造商利润函数 $\pi_{2M}=(p_{2n}-c_n)q_{2n}+(p_{2r}-w_{2r})q_{2r}$ 和再制造商利润函数 $\pi_{2R}=(w_{2r}-v)q_{2r}+(p_{2i}-c_r-v)q_{2i}$,可求得不同再制造产品生产成本和销售成本下的制造商和再制造商的最优利润额,如表 2.8 所示。

表 2.8　分散模型下制造商和再制造商的最优利润额

条件	π_{2M}^D	π_{2R}^D
$v_3^D < v$ 且 $c_2^D < c_r$	$\dfrac{(1-c_n)^2}{4}$	0
$v_3^D < v$ 且 $c_1^D \leqslant c_r \leqslant c_2^D$ 且 或者 $v_2^D < v \leqslant v_3^D$ 且 $c_1^D \leqslant c_r \leqslant c_8^D$	$\dfrac{(4-4c_n-3\rho+2v+2c_r+c_n\rho)^2}{16(2-\rho)^2}$	$\dfrac{(c_n\rho+\rho-2v-2c_r)^2}{8\rho(2-\rho)}$
$0 \leqslant v < v_2^D$ 且 $c_r < c_3^D$ 或者 $v_2^D < v$ 且 $c_r < c_1^D$	$\dfrac{[(2-\rho\delta)(1-c_n)]^2}{16}$	$\dfrac{\delta\rho(1-c_n^2)}{4} - \dfrac{\rho(2-\rho)[\delta(1-c_n)]^2}{8} - \dfrac{\delta(1-c_n)(c_r+v)}{2}$
$v_2^D < v \leqslant v_3^D$ 且 $c_8^D \leqslant c_r \leqslant c_7^D$ 或者 $v_1^D \leqslant v \leqslant v_2^D$ 且 $c_5^D \leqslant c_r \leqslant c_7^D$	$\left[\dfrac{2c_r+\rho+\alpha c_n}{4} - \dfrac{1}{2\rho} + \dfrac{c_n-v}{4(1-\rho)}\right]^2 + \left[\dfrac{2+v+\alpha c_n-2c_r-2c_n-2\rho}{4(1-\rho)}\right]$	$\left[\dfrac{c_r}{2\rho} - \dfrac{1}{4} + \dfrac{c_n-v}{4(1-\rho)}\right]\left[\dfrac{\alpha_n-v}{2}\right]+$ $\left[\dfrac{\rho-2c_r-v}{2\rho}\right]\left[\dfrac{c_n\rho+\rho-2v-2c_r}{4}\right]$
$0 \leqslant v < v_2^D$ 且 $c_3^D \leqslant c_r \leqslant c_4^D$ 或者 $v_2^D \leqslant v$ 且 $c_3^D \leqslant c_r \leqslant c_5^D$	$\dfrac{[(1-c_n)(4-\rho-2\delta\rho)-2c_r][2c_r+(1-c_n)(4+2\delta\rho^2-3\rho-2\delta\rho)]}{16(2-\rho)^2} +$ $\dfrac{[2c_r-\rho(1-\rho\delta)(1-c_n)][\rho+2c_r-c_n\rho]}{8\rho(2-\rho)}$	$\dfrac{2c_r-\rho(1-\rho\delta)(1-c_n)}{2\rho(2-\rho)}$ $\left[\dfrac{c_r(1-\rho)}{(2-\rho)} + \dfrac{\rho(1-\rho)(1-2\delta)(1-c_n)}{2(2-\rho)} - v\right]+$ $\dfrac{\rho(1-c_n)(1+2\delta-2\delta\rho)-2c_r}{2\rho(2-\rho)}$ $\left[c_n\rho+\dfrac{\rho(1-c_n)(4-4\delta-3\rho+4\delta\rho)}{4(2-\rho)} - \dfrac{c_r(4-3\rho)}{2(2-\rho)} - v\right]$
$v_1^D \leqslant v \leqslant v_3^D$ 且 $c_r > c_7^D$	$\dfrac{(c_n\rho-v)(2\rho-v-c_n\rho)}{16\rho(1-\rho)} + \dfrac{(1-c_n)}{2}\left[\dfrac{1}{2} + \dfrac{v}{4(1-\rho)} - \dfrac{c_n(2-\rho)}{4(1-\rho)}\right]$	$\dfrac{(c_n\rho-v)^2}{8\rho(1-\rho)}$
$0 \leqslant v < v_1^D$ 且 $c_4^D < c_r$	$\dfrac{(1+\rho\delta^2-\rho^2\delta^2)(1-c_n)^2}{4}$	$\dfrac{\delta(1-c_n)}{2}\left[c_n\rho-\delta\rho(1-\rho)(1-c_n)-v\right]-v$

通过进一步计算，可以得到在 D 模型下的不同新产品成本、再制造产品成本和再制造产品销售成本下，制造商的最优新产品和再制造产品销售量，如表 2.9 所示。

表 2.9　分散模型下的制造商最优新产品和再制造产品销售量

	q_{2n}^{D}	q_{2r}^{D}
$v_3^{D}<v$ 且 $c_2^{D}<c_r$	$\dfrac{(1-c_n)}{2}$	0
$v_3^{D}<v$ 且 $c_1^{D}\leqslant c_r\leqslant c_2^{D}$ 或者 $v_2^{D}<v\leqslant v_3^{D}$ 且 $c_1^{D}\leqslant c_r\leqslant c_8^{D}$	$\dfrac{2(c_r+v)+4(1-c_n)+\rho(c_n-3)}{4(2-\rho)}$	0
$0\leqslant v<v_2^{D}$ 且 $c_r<c_3^{D}$ 或者 $v_2^{D}<v$ 且 $c_r<c_1^{D}$	$\dfrac{(2-\rho\delta)(1-c_n)}{4}$	0
$v_2^{D}<v\leqslant v_3^{D}$ 且 $c_8^{D}\leqslant c_r$ $\leqslant c_7^{D}$ 或者 $v_1^{D}\leqslant v\leqslant$ v_2^{D} 且 $c_5^{D}\leqslant c_r\leqslant c_7^{D}$	$\dfrac{1}{2}+\dfrac{v}{4(1-\rho)}-\dfrac{c_n(2-\rho)}{4(1-\rho)}$	$\dfrac{c_r}{2\rho}-\dfrac{1}{4}+\dfrac{c_n-v}{4(1-\rho)}$
$0\leqslant v<v_1^{D}$ 且 $c_3^{D}\leqslant c_r$ $\leqslant c_4^{D}$ 或者 $v_1^{D}\leqslant v\leqslant$ v_2^{D} 且 $c_3^{D}\leqslant c_r\leqslant c_5^{D}$	$-\dfrac{c_r}{2(2-\rho)}+\dfrac{(1-c_n)(4-\rho-2\delta\rho)}{4(2-\rho)}$	$\dfrac{c_r}{\rho(2-\rho)}-\dfrac{(1-\rho\delta)(1-c_n)}{2(2-\rho)}$
$v_1^{D}\leqslant v\leqslant v_3^{D}$ 且 $c_r>c_7^{D}$	$\dfrac{1}{2}+\dfrac{v}{4(1-\rho)}-\dfrac{c_n(2-\rho)}{4(1-\rho)}$	$\dfrac{c_n\rho-v}{4\rho(1-\rho)}$
$0\leqslant v<v_1^{D}$ 且 $c_4^{D}<c_r$	$\dfrac{(1-\rho\delta)(1-c_n)}{2}$	$\dfrac{\delta(1-c_n)}{2}$

最后，分析成本参数 c_n、v、c_r 和回收率 δ 对再制造商和制造商再制造生产定价决策的影响，如表 2.10 所示。

表 2.10　参数变化对分散模型下再制造商最优决策的影响

	w_{2r}^{Da}	w_{2r}^{Db}	w_{2r}^{Dx}	w_{2r}^{Dd}	w_{2r}^{De}	w_{2r}^{Df}	w_{2r}^{Dg}
c_n	0	0	0	+	+	+	+
v	0	0	0	+	0	+	0
c_r	0	0	0	0	—	0	0

续表

	w_{2r}^{Da}	w_{2r}^{Db}	w_{2r}^{Dc}	w_{2r}^{Dd}	w_{2r}^{De}	w_{2r}^{Df}	w_{2r}^{Dg}
δ	0	0	0	0	—	0	—
	q_{2i}^{Da}	q_{2i}^{Db}	q_{2i}^{Dc}	q_{2i}^{Dd}	q_{2i}^{De}	q_{2i}^{Df}	q_{2i}^{Dg}
c_n	0	+	—	0	—	0	0
v	0	—	0	—	0	0	0
c_r	0	—	0	0	—	0	0
δ	0	0	+	0	+	0	0

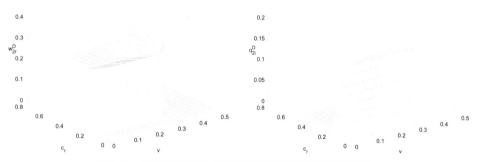

图 2.5　参数变化对分散模型下再制造商最优决策的影响

　　根据表 2.10 发现,只要制造商从再制造商那里批发再制造产品,当新产品成本上升时,再制造产品的批发价格也会上升。如果制造商只销售新产品或者再制造商自销所有再制造产品,再制造产品的最优批发价格不存在,更不会受 c_n 的影响。而当制造商需要从再制造商那里批发再制造产品时,制造商销售的再制造产品与新产品之间存在替代效应。当新产品成本上升时,制造商会减少新产品生产量,增加再制造产品的批发量,这使得再制造产品的重要性程度上升,那么再制造商就会提高再制造产品的批发价格。

　　再制造产品成本的上升仅仅在决策 D-d 和 D-f 范围内会对批发价格产生影响。在这两个区域中,再制造商都需要通过制造商转销再制造产品,并且没有达到最大可生产量,所以批发价格与再制造成本相关,制造商与再制造商之间存在合作关系。当再制造成本上升时,制造商与再制造商共担减少的利润,故批发价格上升。

　　再制造商销售再制造产品时的销售成本变动时,仅在决策 D-e 中会影响批发价格,这是因为批发价格主要是由再制造商转销给制造商的再制造产品与制造商自己生产的新产品之间的竞争所决定的,销售成本只与再制造商自销的再制造产品相关。但是在决策 D-e 中,再制造商所生产的再制造产品达到最大值,若是销售成本上升,再制造商会减少自销的数量,转而选择批发给制造商。那么,只有降低批发价格,制造商才会同意从再制造商那里批发更多的再制造产品。

回收率的上升仅在再制造产品达到极大值且制造商同时销售再制造产品才会影响到批发价格,这时再制造商可以生产更多的再制造产品,需要降低批发价格吸引制造商去批发更多的再制造产品,以使自己的利润增多。故在决策 D-e 和 D-g 中,批发价格会随回收率的上升而下降。

再制造商自销的再制造产品数量在决策 D-b,D-c 和 D-e 中均会受到新产品成本的影响。在决策 D-b 中,制造商与再制造商之间是完全竞争关系,新产品成本的上升,使得新产品产量减少,再制造产品产量上升。而在决策 D-c 和决策 D-e 范围内,再制造产品数量达到了最大值,新产品成本的上升会减少第一阶段所生产的新产品数量,那么可生产的最大再制造产品数量减少,继而使得再制造商自销的再制造产品数量降低。

在决策 D-b 和决策 D-d 范围内,再制造产品成本的上升会使得 q_{2i}^D 减少,因为在这两个范围内,再制造产品产量没达到最大值,再制造商会根据再制造产品的成本变化去调节所要生产的再制造产品数量。

类似于再制造产品成本对于 q_{2i}^D 的影响,在决策 D-b 和 D-d 范围内,销售成本的上升会使再制造商自销的再制造产品边际利润降低,所以自销的再制造数量降低。但不同于 v 对于 q_{2i}^D 的影响,在决策 D-e 范围 c_r 变大依旧会使得 q_{2i}^D 减少,因为再制造成本上升时,不管是自销还是转销成本都会上升,所以不会影响再制造商自销和转销的再制造品比例。但是,销售成本上升会使自销再制造产品成本上升,所以再制造商会减少自销的再制造产品数量。

回收率只在再制造产品数量达到最大,并且自销再制造产品数量不为零,才会对 q_{2i}^D 的产生影响。由于再制造产品的边际利润较高,只是受限于可再制造率,那么当回收率上升时,再制造商必定会增加再制造产品的生产数量。

表 2.11　参数变化对分散模型下制造商最优决策的影响

	q_{2n}^{Da}	q_{2n}^{Db}	q_{2n}^{Dc}	q_{2n}^{Dd}	q_{2n}^{De}	q_{2n}^{Df}	q_{2n}^{Dg}
c_n	—	—	—	—	—	—	—
v	0	+	0	+	0	+	0
c_r	0	+	0	0	—	0	0

续表

	q_{2n}^{Da}	q_{2n}^{Db}	q_{2n}^{Dc}	q_{2n}^{Dd}	q_{2n}^{De}	q_{2n}^{Df}	q_{2n}^{Dg}
δ	0	0	—	0	—	0	—

	q_{2r}^{Da}	q_{2r}^{Db}	q_{2r}^{Dc}	q_{2r}^{Dd}	q_{2r}^{De}	q_{2r}^{Df}	q_{2r}^{Dg}
c_n	0	0	0	+	+	+	—
v	0	0	0	—	0	—	0
c_r	0	0	0	+	+	0	0
δ	0	0	0	0	+	0	+

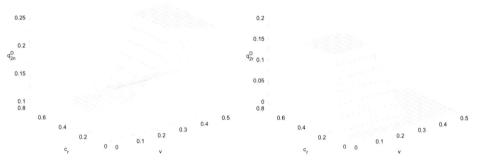

图 2.6　参数变化对分散模型下制造商最优决策的影响

由于在每一个策略中,新产品数量都不为零,所以当新产品成本上升时,新产品产量 q_{2n}^D 都会降低。而制造商销售的再制造产品数量在决策 D-d,D-e,D-f 和 D-g 不为零,但是在决策 D-d、D-e 和 D-f 范围内随着新产品成本上升而上升,在决策 D-g 范围内则随着新产品成本上升而降低。一般地,新产品成本上升时,制造商会降低新产品生产量,增加再制造产品批发量,所以才促使决策 D-d,D-e 和 D-f 范围内制造商销售的再制造产品数量上升。但是,新产品成本的上升会使得可再制造的旧产品数量降低,故决策 D-g 范围内 q_{2r}^D 不随 c_n 的增大而增大,反而随着 c_n 的增大而减少。

当再制造商所生产的再制造产品不为零且没有达到最大值时,再制造成本的上升都会使新产品数量增多。同样地,只要制造商销售的再制造产品不为零,并且总的再制造产品数量没有达到极大值,即决策 D-d 和 D-f 范围内,q_{2r}^D 随 v 的上升而减少。原因是当市场上只有新产品时,再制造成本显然不会影响到新产品的产量。当市场上既存在新产品也存在再制造产品时,并且再制造产品产量达到极大值时,再制造产品成本的小幅度上升并不会影响再制造商所生产的再制造产品总量,消费者需求不变的情况下,自然不会影响市场上的产品格局。所以只剩下决策 D-b,D-d 和 D-f,新产品产量会随着再制造成本的上升而增多。但是,在决策 D-b 范围内,q_{2r}^D 为 0,所以制造商销售的再制造产品只在决策 D-d 和 D-f 随着再制造成本上升而减少。

当销售成本上升时,新产品产量在决策 D-b 随着销售成本上升而上升,在决策 D-e 则随着销售成本上升而降低。制造商销售的再制造产品数量 q_{2r}^D 在决策 D-d 和 D-e 随着 c_r 上升而上升。在决策 D-b 范围内,市场上只有制造商销售的新产品和再制造商销售的再制造产品,此时再制造产品没有达到最大可生产值,所以销售成本上升会让 q_{2i}^D 减少。由于替代效应,制造商会多生产新产品挤占原来再制造产品的部分市场。在决策 D-e 范围内,再制造产品总量达到了极大值,销售成本上升会让再制造商减少的再制造产品销售量,全部转销给制造商,那么制造商就会减少新产品的产量增加再制造产品批发量。在决策 D-d 范围内,虽然同样是 q_{2i}^D 减少,q_{2r}^D 增大,不同的是 q_{2i}^D 减少数量不等于 q_{2r}^D 增大数量,也就是说原来再制造商自销的再制造产品市场,在销售成本上升时会转移给制造商销售的再制造产品,不会影响到新产品市场。所以在决策 D-d 范围内,只有 q_{2r}^D 随着 c_r 上升而上升,q_{2n}^D 不受 c_r 变动的影响。

在市场上再制造产品都达到最大可生产值时,回收率 δ 的升高会让再制造商生产更多的再制造产品,从而挤占了新产品市场。所以,在决策 D-c,D-e 和 D-g 范围内,新产品产量随着 δ 的增大而减少。因为在决策 D-c 范围内,再制造商会自销所有生产的再制造产品,所以制造商转销的再制造产品在决策 D-e 和 D-g 范围随着 δ 的增大而增大。

表 2.12　参数变化对分散模型下最优利润的影响

	π_{2M}^{Da}	π_{2M}^{Db}	π_{2M}^{Dc}	π_{2M}^{Dd}	π_{2M}^{De}	π_{2M}^{Df}	π_{2M}^{Dg}
c_n	—	—					
v	0	+	0	+	0	—	0
c_r	0	+	0	+	+	0	0
δ	0	0	—	0	—	0	+
	π_{2R}^{Da}	π_{2R}^{Db}	π_{2R}^{Dc}	π_{2R}^{Dd}	π_{2R}^{De}	π_{2R}^{Df}	π_{2R}^{Dg}
c_n	0	+	—	+	—	+	—

续表

	π_{2R}^{Da}	π_{2R}^{Db}	π_{2R}^{Dc}	π_{2R}^{Dd}	π_{2R}^{De}	π_{2R}^{Df}	π_{2R}^{Dg}
v	0	−	−	−	−	−	−
c_r	0	−	−	−	−	0	0
δ	0	0	+	0	+	0	+

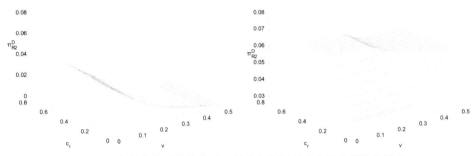

图 2.7　参数变化对分散模型下制造商和再制造商最优利润的影响

通过表 2.12 可知,只要新产品成本上升制造商利润都是降低的,但是再制造商在再制造产品达到最大值时利润额才会降低,而在再制造产品不为零且未达到最大值时,利润额则会升高。这是因为新产品和再制造产品属于竞争关系,当新产品成本上升时,新产品数量会减少,那么再制造商会趁机增加旧产品的回收并生产再制造产品。所以在决策 D-b,D-d 和 D-f,制造商利润会升高。当再制造商已经达到旧产品最大回收数量时,虽然生产更多的再制造产品可以获得更多利润,可没有了可利用的多余旧产品,故决策 D-c,D-e 和 D-g 再制造商利润额也会随着 c_n 上升而减少。

再制造成本上升时,再制造商利润额除了不生产再制造产品的决策 D-a 范围,都会降低。制造商利润额在决策 D-b 和 D-d 会上升,在 D-f 则是降低。再制造成本的上升,再制造商生产的再制造产品总量是降低的或者是不变的,但是边际利润是降低的,所以再制造商利润总是减少的。制造商和再制造商在决策 D-b 和 D-d 存在竞争关系,那么再制造成本的上升会让再制造商竞争力减弱,制造商竞争力增强,从而制造商利润上升。但是在决策 D-f 制造商和再制造商在再制造产品生产销售活动中是完全合作的关系,再制造商会和制造商一起承担再制造成本的上升所带来的利润减少。

销售成本上升,只要再制造商自己销售再制造产品,那么利润额就会减少。而制造商受销售成本影响的情况则稍微有些复杂,在决策 D-c 不受销售成本变动的影响,在再制造商利润额会减少的其他三个区域会随着销售成本的上升而上升。在决策 D-c 范围内,再制造商自销所有再制造产品,当销售成本上升时,再制造产品数量不变,所以新产品数量也不变。但是,再制造商的边际利润降低,制造商的边际利润没有改变。所以在决策 D-c 范围内,制造商利润额不变且再制造商利润额降低。在其他三个范围中,再制造商销售的再制造产品与新产品是竞争关系,与转销给制造商的再制造产品也是竞争关系,销售成本的上升会让再制造商的竞争力减弱,q_{2i}^{D} 会减少,并打破原有的平衡。所以在决策 D-b,D-d 和 D-e 范围内,再制造商利润随着 c_r 增大而减少,制造商利润随着 c_r 增大而增多。

回收率增大时会在决策 D-c,D-e 和 D-g 对制造商和再制造商的利润产生影响。并且再制造商的利润在这几个区域内总是随着回收率的增大而增大的,制造商的利润在决策 D-c 和 D-e 随着回收率的增大而减少,在决策 D-g 范围内随着回收率的增大而增大。这是因为在决策 D-g 范围内,制造商和再制造商在销售再制造产品时是合作关系,制造商是受再制造产品的高利润影响才主动降低新产品产量,提高再制造产品批发量。在其他两个决策区域,再制造商会自销再制造产品。回收率的上升,会部分挤占新产品市场,迫使制造商减少新产品产量。所以制造商的总利润随着回收率的增大而减少。

2.5 集中化生产决策模型和分散化生产决策模型对比分析

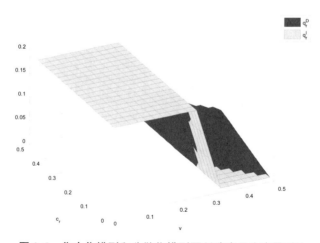

图 2.8 集中化模型和分散化模型再制造产品生产量对比

根据图 2.8,可以发现集中化模型和分散化模型都存在某些区域所生产的再制造产品数量更多。当再制造成本 c_r 很大并且销售成本很小时,分散化模型下的再制造产品数量更多。当再制造成本适中且销售成本较大时,集中化模型下的再制造产品数量更多。这说明再制造商的自销有利于再制造产品的生产,再制造商利用制造商进行转销时最不利于再制造产品的生产。这是因为自销时,相当于新产品和再制造产品在市场上进行完全竞争,再制造商为领导者,为自身利益最大化考虑,会增大再制造产品的销售量,压制新产品的产量。此时,制造商和再制造商也不会为了总利润去协调新产品和再制造产品的数量,这就造成分散化模型下的再制造产品数量更多。转销时,再制造商受制于制造商,此时批发价格等于再制造产品成本加上再制造商的边际利润,那么集中化模型下生产再制造产品的边际利润大于分散化模型下再制造产品的利润,制造商会优先选择生产更多的新产品。

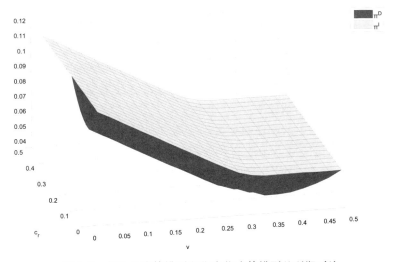

图 2.9　分散化决策模型和集中化决策模型总利润对比

根据图 2.9 可知,集中化决策模型下的制造商和再制造商总利润总是不低于分散化决策模型的总利润,并且在区域 D-g 和 D-a 范围内,两种模型的利润总额是一致的,其他区域则是集中化决策模型的利润额更高。这是因为 D-a 范围内不存在再制造产品的生产,此时两种模型都相当于再制造商不存在,市场中只有新产品,所以总利润一致。而 D-g 模型下,再制造产品全部通过制造商转销,并且达到同样的最大值,两种模型都由制造商销售两种产品,新产品数量也是一致的。因此,如果总边际利润和总销量都保持一致,总利润也会相等。

2.6 本章小结

闭环供应链管理是当前学术界的热点问题,为了实现再制造背景下社会、环境与经济绩效的有效提高,非常有必要研究与再制造有关的策略问题。本章建立了由 OEM、再制造商和消费者构成的再制造供应链。考虑到手机和汽车市场的消费者对于新产品和再制造产品支付意愿不一致的情况,构建了一个两阶段的生产决策问题,假设第一阶段只生产销售新产品,第二阶段回收第一阶段使用过的产品进行再制造,那么就会出现新产品和再制造产品的市场分割现象。根据制造商和再制造商是否合作可分为集中决策和分散决策两种模型,通过引入基于 KKT 的拉格朗日函数对模型进行求解,可得到成本结构不同时供应链成员的不同生产决策函数,然后利用敏感性分析的方式呈现各因素变动时对于供应链成员不同决策的范围及决策变动趋势的影响,并用新产品和再制造产品之间的互补效应和替代效应以及制造商和再制造商之间的竞合关系对这些现象进行了合理解释。通过对两种模型进行分析,结果显示,再制造商和制造商在新再产品生产销售过程中的策略互动对再制造的经济和环境绩效有着显著的影响,主要结论和管理启示归纳如下:

集中化决策模型下的制造商和再制造商总利润高于分散化决策模型的总利润,这是因为集中化模型下制造商和再制造商利益一致,中间不存在转卖,从而克服了双重边际效应,提高了供应链的效率。另外,集中化模型下不管再制造产品生产成本多低,整体供应链都会生产新产品。但当生产再制造产品的边际利润太低时,整体供应链将不生产再制造产品;当生产再制造产品的边际利润适中时,整体供应链会同时生产新产品和再制造产品,并且再制造产品生产量随着再制造产品的生产成本降低而上升。

当制造商和再制造商利益不一致时,即分散决策模型时,再制造商作为 Stackelberg 领导者,在不同销售成本和再制造成本下有 8 个不同的决策区间,具体分为以下几种决策:(1)当再制造成本低,销售成本低时,再制造商选择自己回收并销售所有的再制造产品,与制造商形成完全竞争;(2)当再制造成本低,随着销售成本的增加,再制造商会选择部分自己销售再制造产品,部分批发给制造商,与制造商既合作又竞争;(3)当再制造成本低,销售成本高时,再制造商回收生产再制造产品,全部批发给制造商,与制造商是完全合作的关系;(4)当再制造成本很高时,再制造商可能不回收旧产品。各类参数如新产品成本、再制造产品成本、销售成本以及回收率对制造商和再制造商的利润均产生了影响。当新产品成本上升时,制造商利润总是降低的,但是再制造商的利润在再制造产品产量达到最大值时才会降低,而在再制造产品不为零且未达到最大值时,利润额则会升高。当再制造成本上升时,再制造商利润额总会降低。制造商利润额在与再制造商是竞争关系时会上升,在完全合作关系时则会降低。当销售成本上升时,只要再制造商自己销售再制造产品,那么利润额就会减少。而制造商受销售成本影响的情况则相对复杂。当回收率增大时会在决策 D-c,D-e 和 D-g 对制造商和再制造商的利润产生影响。并且再制造商的利润在这几个区域内总是随着回收率的增大而增大的,制造商的利润在决策 D-c 和 D-e 随着回收率的增大而减少,在决策 D-g 范围内随着回收率的增大而增大。

第3章 政府补贴下存在 WTP 差异和回收竞争的再制造决策

　　企业越来越重视再制造,同时,再制造的竞争力也已经确立。本章运用博弈论,考虑了政府对再制造的补贴、消费者支付意愿和回收竞争,重点研究了由一个本地制造商和一个非本地再制造商组成的供应链。本章试图考察在考虑这些因素的情况下,非本地再制造商和本地制造商如何决定他们是否回收旧产品并从事再制造,希望研究结果能够在企业和政府相关的政策和管理方面具有建设性。因此,考虑了四种情况,并建立了相应的模型,以得出每个企业在四种不同情况下的最优产量,并进一步比较了四种情况下的数值结果。结果表明,无论再制造产品的生产和回收是否存在竞争,无论政府是否为再制造提供补贴,消费者对再制造产品的接受程度都直接影响到每个企业、再制造和整个供应链的利润。基于这些因素,企业应该调整战略,选择竞争或停止竞争或垄断市场。政府应明确对待市场竞争的态度,并根据市场竞争和消费者对再制造产品的接受程度来监督市场竞争力的变化。本章可以为一些潜在的非本地企业从事再制造提供一些建设性的指导,同时也为进一步研究再制造在理论和实践上的可取方向提供一些启示。

3.1　背　景

　　再制造被定义为拆卸旧产品制造新产品的过程,旧产品的部件被修复,然后用于制造新产品。源于修复,然而,它显然不同于修理或制造[224]。

　　许多研究人员运用经济学原理来研究再制造供应链,而一些研究侧重于再制造供应链成员如何选择渠道,一些研究侧重于如何优化渠道结构[225-228]。尽管如此,一些研究人员还是将研究重点放在了再制造供应链的运营优化上,其中一个例子是将系统动力学应用于检验再制造供应链的产能规划[229-233]。

　　显然,再制造越来越受到学术界的关注,再制造的优势在于可以降低资源消耗和生产成本,有助于再制造在环境和经济效益方面受到越来越多的关注。因此,许多企业可能会进行再制造,以满足追求绿色消费的消费者的需求,并响应相关的法规。看到再制造潜在的社会、经济和环境效益,外地再制造商利用自己的技术和声誉优势,试图进入当地市场与当地制造商竞争。因此,当地企业在市场和相关回收市场上面临着来自非本地再制造商的再制造产品的竞争。例如,米其林公司在面临轮胎再制造商的竞争时开始主动再制造,同时生产新的和再制造的轮胎,以与其他再制造商竞争。

　　现实中,如果再制造成本相对较低或质量检查相对严格,具有再制造技术优势的非本地再制造商很可能进入本地再制造市场。然而,当地制造商在消费者中享有更好的品牌权益。一般来说,为了响应国家政策和提高环境效益,地方政府倾向于在一定程度上补贴再制造商,以鼓励企业进行再制造。

　　因此,当市场上存在一个潜在的非本地再制造竞争对手时,本地制造商如何决定他们是否从事再制造? 目前,消费者对新产品和再制造产品的接受程度不一致,而本地和外地制造商对再制造产品的接受程度不一致。本地和外地厂商如何决策? 政府补贴再制造会怎么样? 当本地和外地再制造商都参与再制造时,回收市场的竞争是怎样的? 当这些问题结合起来,市场成员如何应对? 这些都是本章要研究和解决的问题。在这样的供应链中,本章旨在探索非本地和本地制造商如何选择是否回收旧产品进行再制造。假设只有一个本地制造商制造新产品并选择是否再制造,另一个非本地再制造商考虑是否进入本地市场。同时,本章还考虑了回收模型,并构建了模型来说明本地和非本地再制造商是否从事再制造的四个市场。此外,还分析了三个生产流(本地制造商的全新产品、非本地再制造商的再制造产品和本地制造商的再制造产品)之间的相关性,并利用这四个模型推导了盈利能力。此外,还讨论了政府补贴和回收产品的企业之间的竞争程度对这两个制造商的影响。本章得出了一些具体的结论,可以为企业和政府在政策和管理方面提供一些建设性的建议。

3.2　模型与假设

3.2.1　研究问题

　　在本章中,假设市场上有一个本地制造商 L,他制造并销售产品。同时还有一个外地再制造商 F,考虑是否回收旧产品,与当地制造商竞争。本章考虑一个时期。在前一个时期,当地制造商只是为产品打开市场。然而,在此期间,由于前期销售的新产品数量充足,有足够的旧产品可供回收,因此非本地再制造商可以在本地市场回收旧产品进行再制造。同时,政府补贴再制造产品以鼓励再制造。本章考虑了本地和外地制造商是否进行再制造的四种模型。

3.2.2 符号解释和模型假设

首先对本章的主要符号进行说明。假设 C_{Ln}、C_{Lr}、C_{Fr} 分别为本地制造商全新产品生产成本、再制造产品生产成本和外地再制造商的再制造产品的生产成本。q_{Ln}、q_{Lr}、q_{Fr} 分别为本地制造商的全新产品产量、再制造产品产量和外地再制造商的再制造产品产量,p_{Ln}、p_{Lr}、p_{Fr} 分别代表本地制造商全新产品、再制造产品和外地再制造商的再制造产品的售价。α,β 分别代表消费者对外地再制造产品和本地再制造产品的接受程度。设消费者对本地新产品的接受程度为 1,所以有 $\alpha,\beta \in (0,1)$。r_L 和 r_F 分别代表本地制造商和外地再制造商的废旧产品回收量,b_L 和 b_F 则分别代表本地制造商和外地再制造商给予回收商的废旧产品回收价格,政府单位再制造补贴为 s。π_x^y 是厂商利润,其中 x 指 A、B、C、D 四种模型,y 代表 L 和 F:本地制造商和外来再制造商。

此外,本章还有以下几点假设:

假设 1 回收一个单位的旧产品只能制造一个单位的再制造产品。

假设 2 市场上没有领导者。政府鼓励再制造,希望外地企业参与本地市场,增加市场活力。因此,本地制造商和外地再制造商在市场上是平等的。

假设 3 $C_{Fr} < C_{Lr} < C_{Ln}$。非本地再制造商拥有相对成熟的再制造技术,而本地制造商对再制造相对不熟悉。因此,非本地再制造商有信心进入本地市场,与本地制造商竞争再制造产品。

假设 4 $0 < \alpha < \beta < 1$。消费者对新产品和再制造产品的支付意愿不同,消费者对不同品牌再制造产品的支付意愿也不同。可以理解的是,消费者倾向于选择当地制造商生产的再制造产品。

假设 5 每个消费者在一个周期内只能购买一种产品(再制造产品或全新产品)。

假设 6 本地制造商在最后一个周期生产足够的全新产品,因此回收的废品数量是无限的。

3.3　模型分析

根据本地制造商是否参与市场再制造以及非本地制造商是否参与本地市场再制造的策略选择,本章考虑了以下四种模型:模型 A、B、C、D。

模型 A:非本地再制造商不参与本地市场时,非本地和本地制造商都不参与再制造,因此只有本地制造商的新产品。

模式 B:非本地再制造商不进入本地市场,而本地制造商从事再制造并获得政府补贴时,市场上有两类产品。市场仍由当地制造商主导。

模式 C:非本地再制造商回收旧产品进行再制造并获得政府补贴时,本地制造商不进行再制造。现在,市场上有两家企业的两种产品,外地再制造商的再制造产品与当地制造商的新产品竞争。

模型 D:非本地再制造商进入本地市场,本地制造商参与再制造时,双方都获得政府补贴。三种类型的产品在市场上竞争。此外,在模型 D 中,本地制造商和非本地再制造商在回收中竞争,回收数量由各自的回收定价和消费者对回收价格的敏感度以及两个企业之间的回收竞争系数决定。模型 D 中闭环供应链的结构如图 3.1 所示,其他模型中供应链的结构可以基于图 3.1 理解。

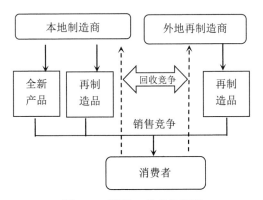

图 3.1　模型 D 的竞争情况

3.3.1　需求函数

假设市场上的消费者规模为 1,每个消费者在每一周期都能且只购买一个产品,其支付意愿假设为 θ,服从 $[0,1]$ 的均匀分布[234,235]。消费者购买不同品牌的全新或者再制造产品的效用也不同。此处对四种不同竞争情况下的需求函数进行证明。

模型 A 中市场仅存在一种产品：本地制造商的全新产品，因此消费者购买该产品的效用 $U_{Ln}=\theta-p_{Ln}$。消费者有两个选择：购买和不购买。选择购买的最低支付意愿是位于购买和不购买的临界点，因此购买量 $q_{Ln}=1-\theta$，该临界点的消费者购买的效用与不购买的效用相等：$\theta-p_{Ln}=0$。从而易得如下反需求函数：

$$p_{Ln}=1-q_{Ln}$$

模型 B 当中，产品市场虽由本地制造商垄断，但本地制造商的全新产品和再制造产品存在内部竞争。消费者在这种情形下有三种选择：购买全新产品、购买再制造产品和不购买产品。选择购买全新产品的最低支付意愿位于购买全新产品和购买再制造产品的临界点，因此购买量 $q_{Ln}=1-\theta$，其效用和购买再制造产品的效用相同：$\theta-p_{Ln}=\beta\theta-p_{Lr}$。得 $1-q_{Ln}-p_{Ln}=\beta(1-q_{Ln})-p_{Lr}$。而购买再制造产品的最低支付意愿位于与不购买的临界点，$\theta=1-q_{Ln}-q_{Lr}$，因此其效用和不购买相同：$\beta\theta-p_{Lr}=0$。综上易得如下反需求函数：

$$p_{Ln}=1-q_{Ln}-\beta q_{Lr}$$
$$p_{Lr}=\beta(1-q_{Ln}-q_{Lr})$$

模型 C 的情况和模型 B 的情况是类似的，在该模型当中也存在两种产品的竞争，只不过再制造产品不由本地制造商生产，改由外地再制造商进行。因此类似的反需求函数如下：

$$p_{Ln}=1-q_{Ln}-\alpha q_{Fr}$$
$$p_{Fr}=\alpha(1-q_{Ln}-q_{Fr})$$

模型 D 的情况最为复杂，但反需求函数的推导仍类似。在该情形下，市场存在三种产品的竞争。消费者存在四种选择：购买全新产品，购买本地制造商的再制造产品，购买外地再制造商的再制造产品和不购买产品。购买全新产品的最低支付意愿位于与购买本地再制造产品的交界点，所以其效用与购买本地再制造品的效用相同。推导可得 $1-q_{Ln}-p_{Ln}=\beta(1-q_{Ln})-p_{Lr}$。而购买本地再制造产品的最低支付意愿位于与购买外地再制造产品的临界点，效用与购买外地再制造品的效用相同：$\beta(1-q_{Ln}-q_{Lr})-p_{Lr}=\alpha(1-q_{Ln}-q_{Lr})-p_{Fr}$。最后购买外地再制造品的最低支付意愿位于与不购买产品的临界点，效用与不购买产品相同 $p_{Fr}=\alpha(1-q_{Ln}-q_{Fr}-q_{Lr})$。最终可得该情形下的反需求函数：

$$p_{Ln}=1-q_{Ln}-\beta q_{Lr}-\alpha q_{Fr}$$
$$p_{Lr}=\beta(1-q_{Ln}-q_{Lr})-\alpha q_{Fr}$$
$$p_{Fr}=\alpha(1-q_{Ln}-q_{Fr}-q_{Lr})$$

3.3.2　回收数量函数

根据孙浩等（2015）的描述，在市场上存在无限可回收产品数量的情况下，回收数量函数可以确定为某种线性函数[236]，模型 D 中回收数量函数可表示为：

$$r_L = hb_L - \mu b_F$$
$$r_F = hb_F - \mu b_L$$

其中 h 为消费者对回收价格的敏感程度，μ 为回收价格竞争系数，且根据孙浩等（2015）的证明[236]，要求 $0 < \mu < h$。

在模型 B 与 C 当中，因为不存在回收竞争，所以回收数量函数分别为：

$$r_L = hb_L$$
$$r_F = hb_F$$

3.3.3　模型 A

本模型中外地再制造商不进入本地市场，而本地制造商也不从事再制造活动。所以本模型作为参照模型，既没有再制造活动也没有回收活动。因此本地制造商的利润函数为：

$$\pi_L^A(q_{Ln}) = (p_{Ln} - C_{Ln})q_{Ln}$$

由于 $p_{Ln} = 1 - q_{Ln}$，将 A 模型的决策问题表述为（3.1）式：

$$\max \pi_L^A(q_{Ln}) = (1 - q_{Ln} - C_{Ln})q_{Ln} \tag{3.1}$$

由于（3.1）式是凹函数，根据其一阶条件可以得结论 1。

结论 1　在 A 模型当中，本地制造商使其利润达到最大的全新产品产量 q_{Ln}^{A*} 及其定价 p_{Ln}^{A*} 为：

$$q_{Ln}^{A*} = \frac{1 - C_{Ln}}{2}$$

$$p_{Ln}^{A*} = \frac{1 + C_{Ln}}{2}$$

得出其利润为：

$$\pi_L^{A*} = \frac{(1 - C_{Ln})^2}{4}$$

3.3.4 模型 B

根据 B 模型的设定可知,在该模型中外地再制造商不进入本地市场,本地制造商决定从事再制造并进行废旧产品回收,同时获得政府的再制造补贴。本地制造商的利润函数为:

$$\pi_L^B(q_{Ln}, q_{Lr}) = (p_{Ln} - C_{Ln})q_{Ln} + (p_{Lr} - C_{Lr} + s)q_{Lr} - b_L r_L$$

利润函数的第一部分为全新产品的收入,第二部分则是再制造收入。

观察模型可以知道,对于制造商来说没有必要回收废旧产品而不对其进行再制造,因为这只会产生额外的回收费用,反而没有得到收益。因此此处添加假设:企业将会对全部回收废旧产品进行再制造,不仅能够获得销售利润同时还能获得政府补贴,即 $q_{Lr} = r_L$。

因而根据该假设以及上述的反需求函数和回收数量函数,将 B 模型的决策问题表述为(3.2)式:

$$\max \pi_L^B(q_{Ln}, q_{Lr}) = (1 - q_{Ln} - \beta q_{Lr})q_{Ln} + [\beta(1 - q_{Ln} - q_{Lr}) - C_{Lr} + s]q_{Lr} - \frac{r_L^2}{h}$$

$$(3.2)$$

式(3.2)是关于 q_{Ln}, q_{Lr} 的严格凹函数,因此存在唯一最大值。由此可得结论 2。

结论 2 在 B 模型中,本地制造商的利润达到最大的新产品产量以及再制造产品的产量为:

$$q_{Ln}^{B*} = \frac{1 - C_{Ln}}{2} - \beta q_{Lr}^{B*} = \frac{\beta C_{Lr} - \left(\beta + \frac{1}{h}\right)C_{Ln} - \beta s + \left(\beta - \beta^2 + \frac{1}{h}\right)}{2\left(\beta - \beta^2 + \frac{1}{h}\right)}$$

$$q_{Lr}^{B*} = \frac{\beta C_{Ln} - C_{Lr} + s}{2\left(\beta - \beta^2 + \frac{1}{h}\right)}$$

此时若需 $q_{Ln}^{B*} > 0, q_{Lr}^{B*} > 0$,则新产品的生产成本需满足的条件是:

$$\frac{C_{Lr} - s}{\beta} < C_{Ln} < \frac{\beta C_{Lr} - \beta s + \beta - \beta^2 + \frac{1}{h}}{\beta + \frac{1}{h}}$$

证明如下:

因为 $r_L = q_{Lr}$，所以决策问题变换为如下形式。

$$\max \pi_L^B(q_{Ln}, q_{Lr}) = (1 - q_{Ln} - \beta q_{Lr} - C_{Ln}) q_{Ln} +$$

$$[\beta(1 - q_{Ln} - q_{Lr}) - C_{Lr} + s] q_{Lr} - \frac{q_{Lr}^2}{h}$$

可得上式的海森矩阵为 $\begin{bmatrix} -2 & -2\beta \\ -2\beta & -2\beta - \dfrac{2}{h} \end{bmatrix}$，一阶顺序主子式 $-2 < 0$，二阶

顺序主子式 $4\beta(1 - \beta) + \dfrac{4}{h} > 0$，因此模型 B 的决策问题为严格凹函数，有唯一最

大值。

根据其一阶条件可得：

$$\begin{cases} 1 - 2q_{Ln} - 2\beta q_{Lr} - C_{Ln} = 0 \\ \beta - 2\beta q_{Ln} - 2\beta q_{Lr} - \dfrac{2}{h} q_{Lr} - C_{Lr} + s = 0 \end{cases}$$

求解上述方程组，得：

$$q_{Ln} = \frac{1 - C_{Ln}}{2} - \beta q_{Lr} = \frac{\beta C_{Lr} - \left(\beta + \dfrac{1}{h}\right) C_{Ln} - \beta s + \left(\beta - \beta^2 + \dfrac{1}{h}\right)}{2\left(\beta - \beta^2 + \dfrac{1}{h}\right)}$$

$$q_{Lr} = \frac{\beta C_{Ln} - C_{Lr} + s}{2\left(\beta - \beta^2 + \dfrac{1}{h}\right)}$$

此时需满足 $q_{Ln} > 0, q_{Lr} > 0$ 则可得：

$$\frac{C_{Lr} - s}{\beta} < C_{Ln} < \frac{\beta C_{Lr} - \beta s + \beta - \beta^2 + \dfrac{1}{h}}{\beta + \dfrac{1}{h}}$$

为接下来表述方便，此处令：

$$\frac{C_{Lr} - s}{\beta} = sa1$$

$$\frac{\beta C_{Lr} - \beta s + \beta - \beta^2 + \dfrac{1}{h}}{\beta + \dfrac{1}{h}} = sa2$$

根据上述结论,能够得出模型 B 的新产品和再制造产品的定价以及回收价格:

$$p_{Ln}^{B*} = \frac{1+C_{Ln}}{2}$$

$$p_{Lr}^{B*} = \frac{\frac{\beta}{h}C_{Ln} + (\beta-\beta^2)C_{Lr} - (\beta-\beta^2)s}{2\left(\beta-\beta^2+\frac{1}{h}\right)} + \frac{\beta}{2}$$

$$b_L^{B*} = \frac{\beta C_{Ln} - C_{Lr} + s}{2h\left(\beta-\beta^2+\frac{1}{h}\right)}$$

同时可以得出模型 B 中本地制造商的最大利润:

$$\pi_L^{B*} = \frac{(1-C_{Ln})^2}{4} + \frac{(\beta C_{Ln} - C_{Lr} + s)^2}{4\left(\beta-\beta^2+\frac{1}{h}\right)}$$

由此可得出以下推论。

推论 1　$q_{Ln}^{B*} < q_{Ln}^{A*}$。

本地制造商从事再制造活动,导致新产品产量下降。也就是说再制造产品蚕食了新产品的市场,与之产生了竞争。

推论 2　$p_{Ln}^{B*} = p_{Ln}^{A*}$。

无论本地制造商是否从事再制造活动,其新产品定价都是不变的。

推论 3　$\pi_L^{A*} < \pi_L^{B*}$。

在本地制造商从事再制造后,虽然再制造产品与新产品产生了竞争,但是再制造活动是有利可图的,使得本地制造商的总体利润增加。

推论 4　$\frac{\partial q_{Ln}^{B*}}{\partial C_{Ln}} < 0, \frac{\partial q_{Lr}^{B*}}{\partial C_{Ln}} < 0, \frac{\partial q_{Ln}^{B*}}{\partial C_{Lr}} < 0, \frac{\partial q_{Lr}^{B*}}{\partial C_{Lr}} < 0$。

当新产品制造成本 C_{Ln} 增加,本地制造商会生产更少的新产品,而增加再制造产品的产量。因此也可以理解,当再制造成本 C_{Lr} 减少的话,本地制造商也会更少地生产新产品而增加再制造产品的产量,以进一步获得再制造活动所创造的利润。从回收价格来看也不难得出类似推论,当 C_{Ln} 增加,C_{Lr} 减少的时候,本地制造商愿意提高回收价格以增加回收量。

推论 5　$\frac{\partial q_{Ln}^{B*}}{\partial s} < 0, \frac{\partial q_{Lr}^{B*}}{\partial s} < 0$。

政府补贴越高,本地制造商更愿意进行再制造产品的生产,而减少全新产品的生产,政府补贴促进了再生产。

推论 6 模型 B 中,当生产全新产品的成本 $C_{Ln} > sa1$ 时,本地制造商愿意从事再制造活动。而且当全新产品生产成本大到一定程度,超过 $sa2$ 时,本地制造商甚至将不进行新产品的生产。

因为 $sa1 = (C_{Lr} - s)/\beta$,不难看出,当政府对再制造活动给予一定补贴时,使得 $sa1$ 的值变小,也就是说使得本地制造商进入再制造活动的约束降低。由此可知,政府补贴对再制造活动起到了一定的促进作用。而对于 $sa2$,政府补贴使得企业放弃全新产品生产的可能性变得更高。

当然,当生产全新产品的成本小于等于 $sa1$(实际上只需等于)的时候,本地企业就不会去选择从事再制造。这种情况同模型 A 是一样的。

3.3.5　模型 C

本模型中本地制造商不进行再制造,而外地再制造商选择进入本地市场并从事再制造,同时获得政府补贴。因此在该模型当中,本地制造商的利润函数为:

$$\pi_L^C(q_{Ln}) = (p_{Ln} - C_{Ln})q_{Ln}$$

而外地再制造商的利润函数为:

$$\pi_F^C(q_{Fr}) = (p_{Fr} - C_{Fr} + s)q_{Fr} - b_F r_F$$

同样,观察外地再制造商的利润函数,可知外地再制造商不会回收多余的废旧产品,因为这样不仅使再制造商多支出了回收费用,而且还无法得到回报,因此同样的有 $q_{Fr} = rF$。

然后再根据上述所求函数,可以得出模型 C 的决策问题,如(3.3)式:

$$\max \pi_L^C(q_{Ln}) = (1 - q_{Ln} - \alpha q_{Fr} - C_{Ln})q_{Ln}$$

$$\max \pi_F^C(q_{Fr}) = [\alpha - \alpha q_{Ln} - \alpha q_{Fr} - C_{Fr} + s]q_{Fr} - \frac{r_F^2}{h} \tag{3.3}$$

式(3.3)当中两个企业的利润函数都是有唯一的最大值,因此可以得到结论 3。

结论 3 在 C 模型中本地制造商和外地再制造商为使得自身利润最大化而决定各自产品的产量为:

$$q_{Ln}^{C*} = \frac{1 - C_{Ln}}{2} - \frac{\alpha}{2} q_{Fr}^{C*} = \frac{\alpha C_{Fr} - \left(2\alpha + \dfrac{2}{h}\right)C_{Ln} - \alpha s + 2\alpha - \alpha^2 + \dfrac{2}{h}}{4\alpha - \alpha^2 + \dfrac{4}{h}}$$

$$q_{Fr}^{C*} = \frac{\alpha C_{Ln} - 2C_{Fr} + 2s + \alpha}{4\alpha - \alpha^2 + \frac{4}{h}}$$

若需 $q_{Fr}^{C*} > 0$，$q_{Ln}^{C*} > 0$，此时新产品生产成本需满足条件

$$\frac{2C_{Fr} - 2s - \alpha}{\alpha} < C_{Ln} < \frac{\alpha C_{Fr} - \alpha s + 2\alpha - \alpha^2 + \frac{2}{h}}{2\alpha + \frac{2}{h}}$$

证明如下：

$$\max \pi_L^C(q_{Ln}) = (1 - q_{Ln} - \alpha q_{Fr} - C_{Ln}) q_{Ln}$$

$$\max \pi_F^C(q_{Fr}) = (\alpha - \alpha q_{Ln} - \alpha q_{Fr} - C_{Fr} + s) q_{Fr} - \frac{q_{Fr}^2}{h}$$

容易看出本地制造商和外地再制造商的利润函数图象关于 q_{Ln}，q_{Fr} 都是倒 U 型，因此都存在唯一的最大值。在此，因为本地制造商和外地再制造商在市场当中的力量是均衡的，不存在谁是领导者，因此根据各自企业利润函数的一阶条件可得：

$$\begin{cases} 1 - 2q_{Ln} - \alpha q_{Fr} - C_{Ln} = 0 \\ \alpha - \alpha q_{Ln} - 2\alpha q_{Fr} - \frac{2}{h} q_{Fr} - C_{Fr} + s = 0 \end{cases}$$

求解上述方程组，得：

$$q_{Ln} = \frac{1 - C_{Ln}}{2} - \frac{\alpha}{2} q_{Fr} = \frac{\alpha C_{Fr} - \left(2\alpha + \frac{2}{h}\right) C_{Ln} - \alpha s + 2\alpha - \alpha^2 + \frac{2}{h}}{4\alpha - \alpha^2 + \frac{4}{h}}$$

$$q_{Fr} = \frac{\alpha C_{Ln} - 2C_{Fr} + 2s + \alpha}{4\alpha - \alpha^2 + \frac{4}{h}}$$

此时需满足 $q_{Ln} > 0$，$q_{Fr} > 0$，则可得：

$$\frac{2C_{Fr} - 2s - \alpha}{\alpha} < C_{Ln} < \frac{\alpha C_{Fr} - \alpha s + 2\alpha - \alpha^2 + \frac{2}{h}}{2\alpha + \frac{2}{h}}$$

此时企业的利润为：

$$\pi_L^{C*} = \frac{\left[\left(2\alpha + \frac{2}{h}\right) C_{Ln} - \alpha C_{Fr} + \alpha s + \alpha^2 - 2\alpha - \frac{2}{h}\right]^2}{\left(4\alpha - \alpha^2 + \frac{4}{h}\right)^2}$$

$$\pi_F^{C*} = \frac{(3\alpha h + 4 - 2\alpha)C_{Ln} + (2h - 10\alpha h + 2\alpha^2 h - 4)C_{Fr} - (2h - 10\alpha h + 2\alpha^2 h - 4)s + 3\alpha h + 4 - 2\alpha}{2h\left(4\alpha - \alpha^2 + \dfrac{4}{h}\right)^2}$$

同样的,为下文表述方便,此处令:

$$\frac{2C_{Fr} - 2s - \alpha}{\alpha} = sa3$$

$$\frac{\alpha C_{Fr} - \alpha s + 2\alpha - \alpha^2 + \dfrac{2}{h}}{2\alpha + \dfrac{2}{h}} = sa4$$

根据结论 3,能够得出模型 C 当中相应新产品及再制造产品的定价以及外地再制造商给出的回收价格:

$$p_{Ln}^{C*} = \frac{1 + C_{Ln}}{2} - \frac{\alpha}{2}, \quad q_{Fr}^{C*} = \frac{(1 + C_{Ln})\left(2\alpha - \alpha^2 + \dfrac{2}{h}\right) + \alpha C_{Fr} - \alpha s}{4\alpha - \alpha^2 + \dfrac{4}{h}}$$

$$p_{Fr}^{C*} = \frac{\left(3\alpha + \dfrac{4}{h}\right)(1 + C_{Ln}) + 2(1 - \alpha)C_{Fr} - 2(1 - \alpha)s}{2\left(4\alpha - \alpha^2 + \dfrac{4}{h}\right)}$$

$$b_F^{C*} = \frac{\alpha C_{Ln} - 2C_{Fr} + 2s + \alpha}{h\left(4\alpha - \alpha^2 + \dfrac{4}{h}\right)}$$

对结论进行分析,能够得出以下推论。

推论 1 $q_{Ln}^{C*} < q_{Ln}^{A*}$。

此种情况下,外地再制造商的再制造产品与本地制造商的全新产品产生了竞争。外地再制造产品挤压了本地制造商全新产品的市场。

推论 2 $p_{Ln}^{C*} < p_{Ln}^{B*} = p_{Ln}^{A*}$。

本地制造商市场在受到外地再制造商挤压时,本地制造商希望通过降价来吸引消费者,但由于其新产品生产成本无法对外地再制造商的再制造产品生产成本形成竞争优势,因此价格上也无法与再制造商的再制造产品进行竞争,最终市场还是受到了外地再制造商的蚕食。由此可见,本地制造商在此种情况下,完全处于劣势,因此这种情况也是本地制造商要想尽办法避免的,或者本地制造商在外地制造商进入市场时不应当无动于衷,而应该采取行动,比如进入再制造来与其竞争。

推论 3 $\pi_L^{C*} < \pi_L^{A*} < \pi_L^{B*}$。

就目前几个模型来看,本地制造商垄断市场且进行再制造这种情况获得了最多的利润。在 C 模型中,本地制造商的利润是最低的。这是比较易于理解的,因为在 B 模型中,虽然本地制造商的再制造品与全新产品产生了竞争,但是再制造的利润仍然由本地制造商获取,而且再制造成本低,甚至还能够获取政府的补贴,使得 B 模型的本地制造商所获得利润是最大的。而 C 模型,再制造产品是由外地再制造商生产,本地制造商全新产品丧失的市场无法弥补,所以利润会低于 A、B 模型。

推论 4 新产品生产成本的上升会导致新产品产量下降,再制造产品产量上升。再制造成本的下降会导致新产品产量下降和再制造产品的产量上升。此处值得注意的是,再制造成本下降,再制造产品产量上升,而新产品产量降低,是因为再制造成本的下降会导致本地制造商的市场进一步被挤压。

推论 5 $\dfrac{\partial q_{Ln}^{C*}}{\partial s} < 0$,$\dfrac{\partial q_{Fr}^{C*}}{\partial s} > 0$。

政府补贴越高,外地再制造商越愿意进行再制造产品的生产,而进一步挤压新产品的市场。政府补贴促进了再生产,但是本地制造商却因此受到了伤害。

推论 6 政府补贴同样促进了再制造活动,降低了企业进入再制造活动的约束。而且因为本地制造商不进行再制造,政府补贴的增加使得 sa4 减小,本地制造商更容易被外地再制造商挤出市场($q_{Ln} = 0$)。

此时当全新产品生产成本小于等于 sa3(实际上只需等于即可)的时候,外地再制造商不会进入本地市场从事再制造,此时情况和模型 A 一致。

3.3.6 模型 D

此模型中,外地再制造商进入本地市场,从事再制造活动;而本地制造商也从事再制造活动,政府对再制造活动进行补贴。即本地制造商不仅生产新产品,同时还会进行再制造产品的生产,而且本地制造商和外地再制造商在废旧产品的回收上进行竞争。市场上此时存在三种产品互相竞争。

因此本模型的本地制造商和外地再制造商的利润函数分别如下:

$$\pi_L^D(q_{Ln}, q_{Lr}) = (p_{Ln} - C_{Ln})q_{Ln} + (p_{Lr} - C_{Lr} + s)q_{Lr} - b_L r_L$$
$$\pi_L^D(q_{Fr}) = (p_{Fr} - C_{Fr} + s)q_{Fr} - b_F r_F$$

分析可得两个企业都没有必要进行多余的废旧品回收,因此同样可以设定 $rL = qL_r$,$rF = qF_r$。再根据上述所述,该模型的决策问题可表述为(3.4)式:

$$\max \pi_L^D(q_{Ln},q_{Lr}) = (1-q_{Ln}-\beta q_{Lr}-\alpha q_{Fr}-C_{Ln})q_{Ln}$$

$$+ [\beta(1-q_{Ln}-q_{Lr})-\alpha q_{Fr}-C_{Lr}+s]q_{Lr} - \frac{hr_L+\mu r_F}{h^2-\mu^2}r_L$$

$$\max \pi_F^D(q_{Fr}) = [\alpha(1-q_{Ln}-q_{Fr}-q_{Lr})-C_{Fr}+s]q_{Fr} - \frac{hr_F+\mu r_L}{h^2-\mu^2}r_F \quad (3.4)$$

对式(3.4)进行求解,可得出结论 4。

结论 4　在该模型利润最大化目标下,新产品产量和本地制造商以及外地再制造商各自再制造品产量的最优结果如下:

$$q_{Ln}^{D*} = \frac{1-C_{Ln}}{2} - \beta q_{Lr}^{D*} - \frac{\alpha}{2}q_{Fr}^{D*}$$

$$= \frac{-C_{Ln}\left(AC-B^2+2\beta\left(C\beta-\frac{\alpha B}{2}\right)+\alpha\left(\frac{A\alpha}{2}-B\beta\right)\right)}{2(AC-B^2)}$$

$$+ \frac{C_{Lr}(2C\beta-B\alpha)+C_{Fr}(A\alpha-2B\beta)}{2(AC-B^2)}$$

$$+ \frac{-s(A\alpha-2B\beta+2C\beta-B\alpha)+AC-B^2-\frac{A\alpha^2}{2}+\alpha\beta B}{2(AC-B^2)}$$

$$q_{Lr}^{D*} = \frac{\left(C\beta-\frac{\alpha B}{2}\right)C_{Ln}-CC_{Lr}+BC_{Fr}+(C-B)s-\frac{\alpha B}{2}}{AC-B^2}$$

$$q_{Fr}^{D*} = \frac{\left(\frac{A\alpha}{2}-B\beta\right)C_{Ln}+BC_{Lr}-AC_{Fr}+(A-B)s+\frac{A\alpha}{2}}{AC-B^2}$$

其中

$$A = 2\beta-2\beta^2+\frac{2h}{h^2-\mu^2}$$

$$B = \alpha-\alpha\beta+\frac{2h}{h^2-\mu^2}$$

$$C = 2\alpha-\frac{\alpha^2}{2}+\frac{2h}{h^2-\mu^2}$$

此时,为满足 $q_{Ln}^{C*}>0, q_{Lr}^{C*}>0, q_{Lr}^{C*}>0$,可得新产品生产成本所需满足条件如下:

$$\max\{sa5,sa6\}<C_{Ln}<sa7$$

同样是为了表述的方便,其中 sa 值是以下结果的表示:

$$sa5 = \frac{CC_{Lr} - BC_{Fr} - (C-B)s + \dfrac{\alpha B}{2}}{C\beta - \dfrac{\alpha B}{2}}$$

$$sa6 = \frac{AC_{Fr} - BC_{Lr} - (A-B)s - \dfrac{A\alpha}{2}}{\dfrac{A\alpha}{2} - B\beta}$$

$$sa7 = \frac{(2C\beta - B\alpha)C_{Lr} + (A\alpha - 2B\beta)C_{Fr} - (A\alpha - 2B\beta + 2C\beta - B\alpha)s + AC - B^2 + \alpha\beta B - \dfrac{A\alpha^2}{2}}{AC - B^2 + 2\beta\left(C\beta - \dfrac{B\alpha}{2}\right) + \alpha\left(\dfrac{A\alpha}{2} - B\beta\right)}$$

证明如下。根据假设,可得以下决策问题:

$$\max \pi_L^D(q_{Ln}, q_{Lr}) = (1 - q_{Ln} - \beta q_{Lr} - \alpha q_{Fr} - C_{Ln})q_{Ln}$$
$$+ [\beta(1 - q_{Ln} - q_{Lr}) - \alpha q_{Fr} - C_{Lr} + s]q_{Lr} - \frac{hq_{Lr} + \mu q_{Fr}}{h^2 - \mu^2}q_{Lr}$$

$$\max \pi_F^D(q_{Fr}) = [\alpha(1 - q_{Ln} - q_{Fr} - q_{Lr}) - C_{Fr} + s]q_{Fr} - \frac{hq_{Fr} + \mu q_{Lr}}{h^2 - \mu^2}q_{Fr}$$

对本地制造商的利润进行分析,可得其海森矩阵 $\begin{bmatrix} -2 & -2\beta \\ -2\beta & -2\beta - \dfrac{2h}{h^2 - \mu^2} \end{bmatrix}$,

其一阶顺序主子式 $-2 < 0$,二阶顺序主子式 $4\beta(1-\beta) + \dfrac{4h}{h^2 - \mu^2} > 0$,因此本地制造商的利润函数为严格的凹函数,因此有唯一最大值。

而外地再制造商的函数是关于 q_{Fr} 的倒 U 型函数,因此也有唯一最大值。

又因为本地制造商和外地再制造商之间不存在谁是领导者,因此根据其一阶条件可得:

$$\begin{cases} 1 - 2q_{Ln} - 2\beta q_{Lr} - \alpha q_{Fr} - C_{Ln} = 0 \\ \beta - 2\beta q_{Ln} - 2\beta q_{Lr} - \alpha q_{Fr} - C_{Lr} + s - \dfrac{2hq_{Lr} + \mu q_{Fr}}{h^2 - \mu^2} = 0 \\ \alpha - \alpha q_{Ln} - \alpha q_{Lr} - 2\alpha q_{Fr} - C_{Fr} + s - \dfrac{2hq_{Fr} + \mu q_{Lr}}{h^2 - \mu^2} = 0 \end{cases}$$

求解上述方程组可得:

$$q_{Ln} = \frac{1 - C_{Ln}}{2} - \beta q_{Lr} - \frac{\alpha}{2}q_{Fr}$$

$$= \frac{-C_{Ln}\left(AC - B^2 + 2\beta\left(C\beta - \dfrac{\alpha B}{2}\right) + \alpha\left(\dfrac{A\alpha}{2} - B\beta\right)\right)}{2(AC - B^2)}$$

$$+ \frac{C_{Lr}(2C\beta - B\alpha) + C_{Fr}(A\alpha - 2B\beta)}{2(AC - B^2)}$$

$$+ \frac{-s(A\alpha - 2B\beta + 2C\beta - B\alpha) + AC - B^2 - \dfrac{A\alpha^2}{2} + \alpha\beta B}{2(AC - B^2)}$$

$$q_{Lr} = \frac{\left(C\beta - \dfrac{\alpha B}{2}\right)C_{Ln} - CC_{Lr} + BC_{Fr} + (C - B)s - \dfrac{\alpha B}{2}}{AC - B^2}$$

$$q_{Fr} = \frac{\left(\dfrac{A\alpha}{2} - B\beta\right)C_{Ln} + BC_{Lr} - AC_{Fr} + (A - B)s + \dfrac{A\alpha}{2}}{AC - B^2}$$

其中

$$A = 2\beta - 2\beta^2 + \frac{2h}{h^2 - \mu^2}$$

$$B = \alpha - \alpha\beta + \frac{2h}{h^2 - \mu^2}$$

$$C = 2\alpha - \frac{\alpha^2}{2} + \frac{2h}{h^2 - \mu^2}$$

此时,如果需要满足 $q_{Ln} > 0, q_{Lr} > 0, q_{Fr} > 0$,则可得到:

$$\max\{sa5, sa6\} < C_{Ln} < sa7$$

其中

$$sa5 = \frac{CC_{Lr} - BC_{Fr} - (C - B)s + \dfrac{\alpha B}{2}}{C\beta - \dfrac{\alpha B}{2}}$$

$$sa6 = \frac{AC_{Fr} - BC_{Lr} - (A - B)s - \dfrac{A\alpha}{2}}{\dfrac{A\alpha}{2} - B\beta}$$

$$sa7 = \frac{(2C\beta - B\alpha)C_{Lr} + (A\alpha - 2B\beta)C_{Fr} - (A\alpha - 2B\beta + 2C\beta - B\alpha)s + AC - B^2 + \alpha\beta B - \dfrac{A\alpha^2}{2}}{AC - B^2 + 2\beta\left(C\beta - \dfrac{B\alpha}{2}\right) + \alpha\left(\dfrac{A\alpha}{2} - B\beta\right)}$$

通过对结论 4 进行分析能够得出以下推论。

推论 1　由 $q_{Ln}^{D*} = \dfrac{1 - C_{Ln}}{2} - \beta q_{Lr}^{D*} - \dfrac{\alpha}{2} q_{Fr}^{D*}$ 可知,本地制造商的新产品数量在该模型下进一步降低。不仅受到本地制造商生产的再制造产品的市场挤压,

同时还受到外地再制造商的再制造品的竞争。

推论 2

$$\frac{\partial q_{Ln}^{D*}}{\partial C_{Ln}}<0,\frac{\partial q_{Ln}^{D*}}{\partial C_{Lr}}>0,\frac{\partial q_{Ln}^{D*}}{\partial C_{Fr}}>0;$$

$$\frac{\partial q_{Lr}^{D*}}{\partial C_{Ln}}>0,\frac{\partial q_{Lr}^{D*}}{\partial C_{Lr}}<0,\frac{\partial q_{Lr}^{D*}}{\partial C_{Fr}}>0;$$

$$\frac{\partial q_{Fr}^{D*}}{\partial C_{Ln}}>0,\frac{\partial q_{Fr}^{D*}}{\partial C_{Lr}}>0,\frac{\partial q_{Fr}^{D*}}{\partial C_{Fr}}<0。$$

全新产品在本身制造成本上升时产量会降低,而如果再制造成本(C_{Lr},C_{Fr})上升的话,本地制造商则会考虑提高新产品的产量。相对的,当企业自身的再制造成本相对较低时,企业会增加再制造产品的产量。而本地制造商和再制造商作为再制造产品的竞争者,当对方企业的再制造成本下降时,本企业的再制造品竞争力下降,从而使自身再制造品产量下降。

推论 3 $\dfrac{\partial q_{Ln}^{D*}}{\partial s}<0,\dfrac{\partial q_{Lr}^{D*}}{\partial s}>0,\dfrac{\partial q_{Fr}^{D*}}{\partial s}>0。$

政府补贴能够促进再制造活动,而本地制造商观察到补贴增加,认为再制造活动会更加有利可图,因此会进一步增加再制造产品的生产,而减少新产品的生产,而且其新产品产量因为补贴的上升导致外地再制造商的再制造品的产量上升而受到进一步蚕食。

推论 4 根据 C_{Ln} 的范围,同样能够得出,政府补贴能够促进再制造活动,使各企业更容易达到从事再制造活动的条件。此外在新产品生产成本取值范围上,值得注意的是,当 $\min\{sa5,sa6\}<C_{Ln}<\max\{sa5,sa6\}$ 时,其中会有企业放弃生产再制造产品,情形和模型 B 或者模型 C 是一致的。同样的当 $C_{Ln}\le\min\{sa5,sa6\}$ 的时候,本地制造商和外地再制造商都不会去从事再制造,情形和模型 A 一样。

综合之前几个模型的推论,可以从另外一个角度反过来思考,如果要使得各企业进入再制造,其再制造成本的范围根据政府补贴是如何变化的。政府补贴上升,会使得 C_{Lr} 和 C_{Fr} 的上限更高,也就是说,再制造成本的界限约束放宽了,企业进行再制造就有利可图。

由于模型 D 的利润和价格表达式较为复杂,此处不列出。而四个模型中,各企业的利润、各企业的再制造产量及其再制造利润、新产品产量的比较由于结果的复杂性,因此将在下面的算例中做进一步分析。

3.4　算例分析

这里将通过算例分析消费者对再制造产品接受程度的变化、政府补贴的变化以及回收竞争系数变化对企业各项数据的影响,进而对第 4 节内容进行补充。为简化,各参数值的设定除了满足假设以外,还将使得模型中各产品的产量大于 0。

3.4.1　消费者对本地再制造产品接受程度 β 的影响

取参数 $C_{Ln}=0.8, C_{Lr}=0.5, C_{Fr}=0.4, \alpha=0.6, h=2, \mu=0.1, s=0.05$(此处的参数设定,参考了伍颖和熊中楷(2014),贡文伟等(2014)的文献[235,237])。为使各产品产量大于 0,由各 sa 值可得,此时 $0.594<\alpha<\beta\leqslant0.751$,因此在绘制图形时,消费者对本地再制造产品的接受程度 β 的取值将在该范围内变化。

(1)β 对新产品产量和再制造产品产量的影响。

通过计算,β 变动对新产品产量和再制造产品产量的影响如图 3.2 所示。

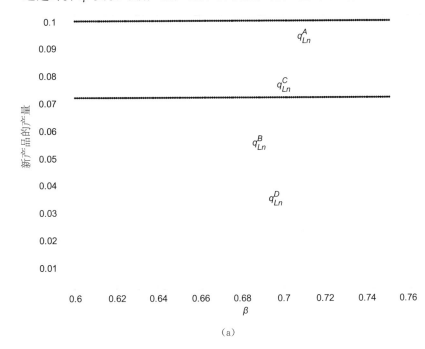

(a)

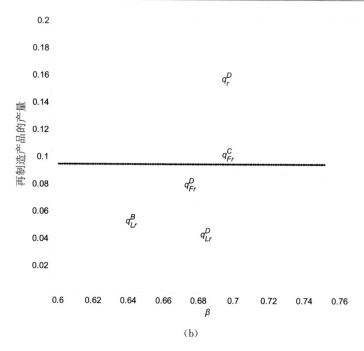

图 3.2　β 变动对各模型产品产量的影响

由图 3.2(a)可知,消费者对本地再制造产品的接受程度越高,本地制造商的新产品产量越低,这符合常识。由此还能得出和第 4 节中所描述相同的现象,即本地新产品的市场在本地或外地企业进入再制造活动以后不断受到挤压,特别是在模型 D 当中,在受到自身生产的再制造产品的内部竞争时,还受到外地再制造产品的外部竞争。

由图 3.2(b)得,模型 D 当中,随着 β 上升,本地制造商再制造产品产量不断上升,外地再制造产品产量不断下降,这易于理解。消费者对本地再制造品接受度越高自然越愿意购买本地的再制造产品,从而降低了对外地再制造产品的购买意愿,而且再制造产品的价格比新产品的价格低,因此 β 值越高就会导致新产品的需求降低。且当 β 超过某个值(0.73 左右)时,本地制造商在再制造产品市场上占据了优势,说明当消费者对本地和外地再制造产品接受程度相近时,生产成本更低的外地再制造产品价格更低,更受消费者青睐。

同时,从图 3.2(b)中还可以知道,竞争环境下,虽然两个企业的再制造产品产量均有所下降,但是整个社会的再制造产量(q_r^D)却远远大于非竞争环境下的再制造产品产量,可知再制造产品的销售竞争以及回收竞争都能够促进再制造活动。

(2)β 对各利润的影响。

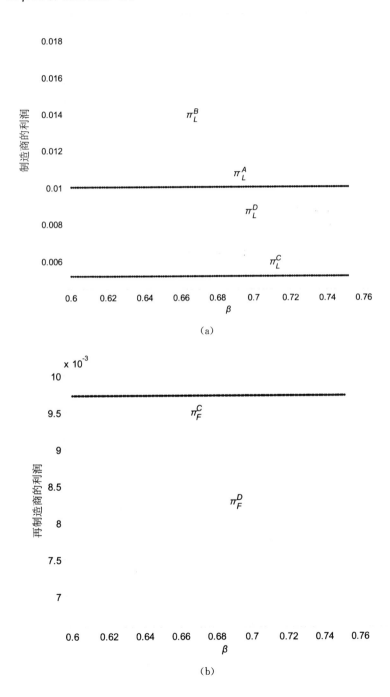

（a）

（b）

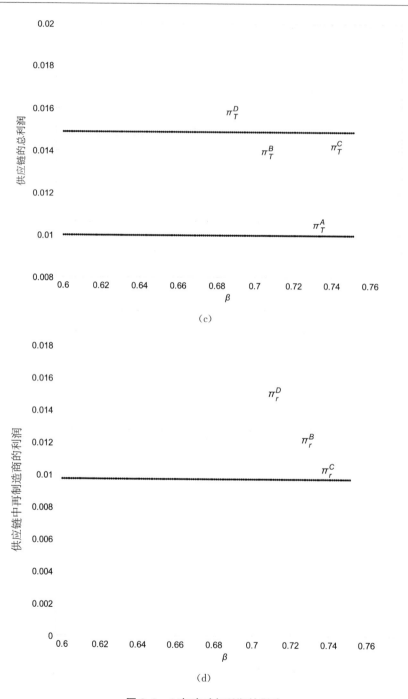

图 3.3 β 变动对各利润的影响

从图 3.3(a)可以看出,本地制造商从事再制造活动(模型 B)是有利可图的。但是如果在竞争环境下,本地制造商的利润受到了伤害,在 β 较接近 α 时,本地制造商利润甚至会低于其不从事再制造的利润。这是因为在竞争环境下,本地制造商的新产品市场受到了自身和外地两方的再制造产品挤压,致使利润进一步下降了。但是可以发现 β 较高时,竞争环境下的本地制造商利润会超过模型 A 的本地利润。也就是说,当消费者对本地再制造产品接受程度较高时,不论是否存在竞争,本地制造商从事再制造活动都是有利可图的。

图 3.3(b)表明消费者对本地制造商的再制造产品接受程度越高,外地再制造商的利润越低,这符合常识。

图 3.3(c)表明,模型 B、C、D 的供应链总利润高于模型 A,即从事再制造活动能够提高整个供应链的利润。还可以从图中看出,当消费者对本地再制造产品接受程度较高的时候,本地制造商从事再制造的供应链(模型 B、D)利润甚至更高。因此再看图 3.3(d),同样能够得出整个供应链的再制造利润也是随着 β 的提高而不断提高。

综合图 3.3(a)(c)(d)可以看出,竞争模型 D 下,当 β 很高时,本地制造商的利润会高于模型 A 的利润,但仍然无法超过模型 B 的利润。值得注意的是当 β 很高,本地制造商在市场占据主导时,整个供应链的再制造利润和总利润都可能大于竞争环境下的各利润。即是说,当消费者对本地再制造产品接受程度很高时,本地制造商从事再制造或者垄断再制造市场时是十分有利的。

3.4.2　消费者对外地再制造产品接受程度 α 的影响

取参数 $C_{Ln}=0.8,C_{Lr}=0.5,C_{Fr}=0.4,\beta=0.7,h=2,\mu=0.1,s=0.05$(此处的参数设定,参考了伍颖和熊中楷(2014),贡文伟等(2014)的文献[235,237])。为使各产品产量大于 0,由各 sa 值可得,此时 $0.402<\alpha<\beta<0.825$,因此绘制图形时,消费者对外地再制造产品的接受程度 α 取值将在该范围内变化。

(1) α 对各产品产量的影响。

通过计算,α 变动对全新产品产量和再制造产品产量的影响如图 3.4 所示。

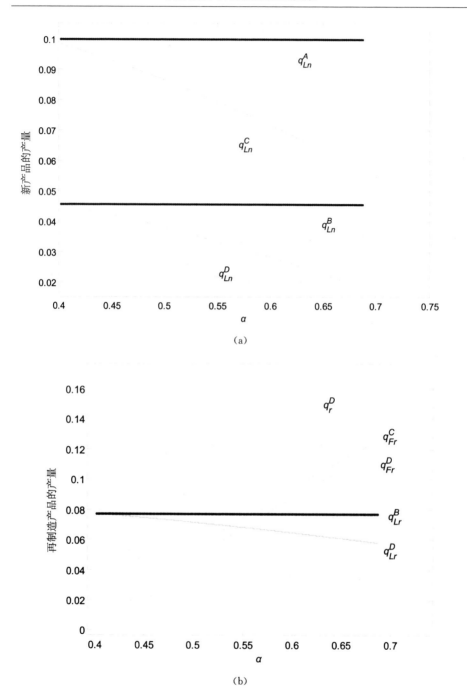

（a）

（b）

图 3.4　变动对各产品产量的影响

由图 3.4(a)可知,同图 3.2(a)类似的消费者对外地再制造产品的接受程度越高,本地制造商的新产品产量越低,这符合常识。由图 3.4(b)得知,模型 D 中,随着 α 上升,外地制造商的再制造产品产量不断上升,本地再制造产品产量不断下降,且当 α 高于某个值(0.55 左右)时,外地再制造产品市场占有量超过了本地再制造产品的占有量,外地企业在再制造产品市场上取得优势。这是因为消费者对外地再制造产品接受程度过于低的时候,即使其再制造技术成熟,再制造成本相对较低,但也无法获得顾客青睐;但当接受程度较高时,即使不比消费者对本地再制造产品的接受程度高,也能够凭借其成本优势占据市场。同样从图 3.4(b)中发现,竞争环境下,虽然本地制造商和外地再制造商的再制造品产量均下降,但是整个社会的再制造产量(q_r^D)却远远大于非竞争环境下的再制造产品产量。

(2)α 对各利润的影响。

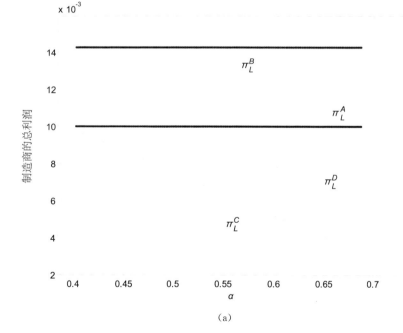

(a)

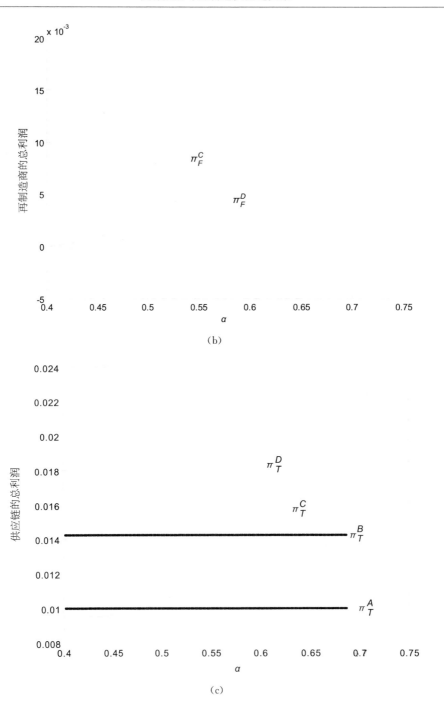

（b）

（c）

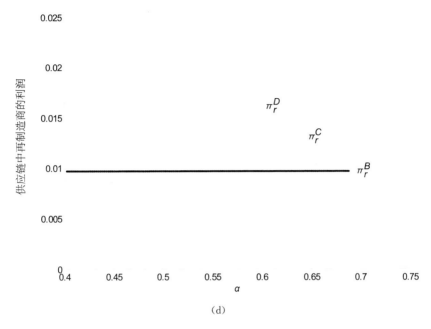

(d)

图 3.5　α 变动对各利润的影响

由图 3.5(a)(b)并综合图 3 可以得出,消费者对某个企业的再制造产品接受程度增加,就会使得该企业的再制造活动更加有利可图,增加自身利润,同时进一步侵占竞争企业的再制造产品市场。而且,再制造竞争环境下各企业的利润都低于自身垄断再制造市场时的利润。

此外,从图 3.5(c)(d)中还能够观察到另一个有趣的现象,随着 α 的增加,供应链的总利润先下降后上升,而在模型 D 中,供应链中再制造利润也是先下降再上升。因此将两图进行比较发现当 α 较低时,外地再制造商垄断再制造市场(模型 C)的情况下,外地再制造商利润是上升的,但供应链总利润是下降的,说明本地制造商的新产品利润的下降远大于外地再制造商的再制造品利润的增加。这是因为当消费者对外地再制造品的接受程度较低时,再制造产品侵占本地新产品市场。但新产品定价高,利润率大,低接受度的再制造无法弥补这部分损失的利润。模型 D 的曲线同样也是这个原因,外地再制造品接受程度低,但却侵占了本地制造商较高接受度的新产品和再制造产品的市场,伤害了本地制造商的利润。但是当 α 较高时,再制造可以获得较高利润后,这个问题就得到解决,于是总利润便开始上升。

3.4.3 政府补贴 *s* 的影响

由于政府补贴对各产品的产量的影响在第 4 节中能够通过理论分析进行比较,因此此处只观察补贴变动对各利润的影响。取参数 $C_{Ln}=0.8, C_{Lr}=0.5,$ $C_{Fr}=0.4, \alpha=0.6, \beta=0.7, h=2, \mu=0.1$(此处的参数设定,参考了伍颖和熊中楷(2014),贡文伟等(2014)的文献[235,237])。为使各产品产量大于 0,由各 *sa* 值可得,政府补贴只需大于 0 就足以促进再制造活动,但为了使各模型中新产品产量大于 0,此时应当满足 $0<s<0.099$,因此在绘制图形时,政府补贴的取值将在该范围内变化。

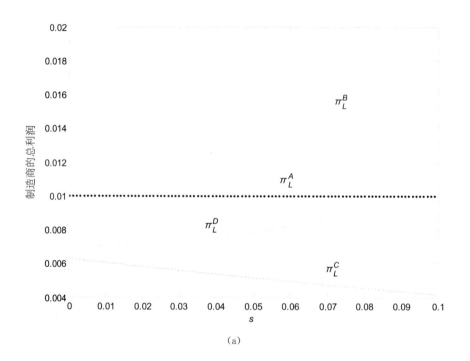

（a）

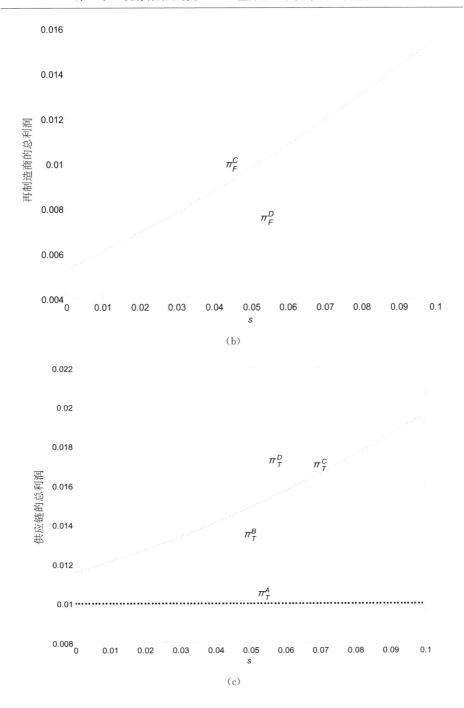

（b）

（c）

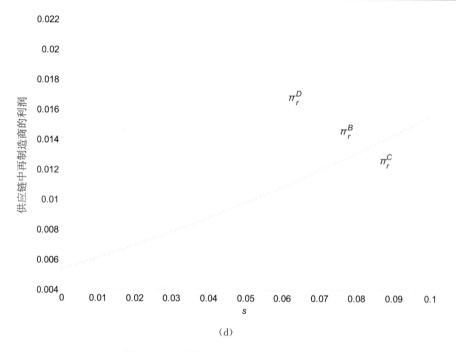

图 3.6　政府补贴 s 变动对各利润的影响

从图 3.6(a)(b)可以看出,政府补贴越高,企业从事再制造活动的利润就越高,这符合常识。如果本地企业不从事再制造(模型 C),反而会因为政府补贴越高,外地再制造商越生产较多的再制造产品以获得高额补贴,使得本地企业利润进一步下降。明显的,当一个企业垄断再制造市场时,因为政府补贴上升导致利润增加的幅度将比再制造市场存在竞争的情况下要大。

从图 3.6(c)(d)也可以看出,政府补贴能够促进再制造活动,增加再制造利润并提高整个供应链的利润。当政府补贴较高时,消费者对再制造产品接受程度较高的企业的再制造利润也较高。

3.4.4　回收竞争程度 μ 的影响

由于回收竞争仅存在于模型 D 当中,因此此处将只分析模型 D 的各产品产量及各项利润。取参数 $C_{Ln}=0.8, C_{Lr}=0.5, C_{Fr}=0.4, \alpha=0.6, \beta=0.7, h=2, s=0.05$(此处的参数设定,参考了伍颖和熊中楷(2014),贡文伟等(2014)的文献[235,237])。因为 $0<\mu<h$,因此在绘制图形时,回收竞争程度的取值将在该范围内变化。

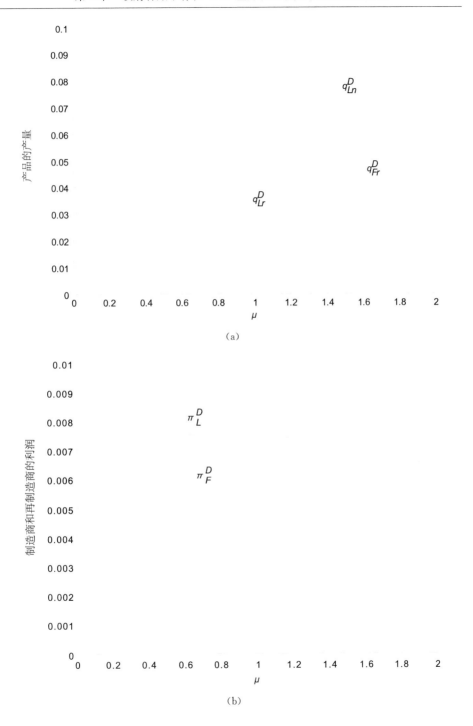

（a）

（b）

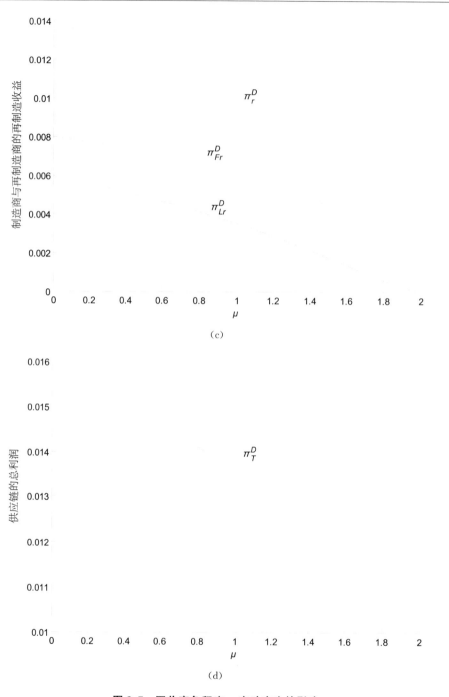

（c）

（d）

图 3.7　回收竞争程度 μ 变动产生的影响

从图 3.7 各图可以看出,回收竞争越激烈对企业或者对整个行业越有害,这符合常识。适当的竞争能够提高市场活力,促进再制造活动,提高行业总利润,但是过于激烈的竞争,反而会破坏市场活力,使得行业利润下降。图 3.7(b)显示本地制造商总利润随着竞争程度上升利润先下降后上升,这是因为回收(再制造产品)竞争过于激烈时,本地制造商转而专注于新产品生产,而新产品接受程度高,价格也高,因此利润逐渐向本地制造商只生产新产品的情况下回升。

3.5　本章小结

本章所涉及的供应链具有一个本地制造商,并有另一个外地再制造商作为潜在竞争者。在该供应链中的企业既是生产商,同时也是零售商,在从事再制造活动时,还是回收商。因此,综合销售竞争和回收竞争、政府补贴以及 WTP 差异,根据外地再制造商是否进入本地市场从事再制造以及本地制造商是否进入再制造领域与外地再制造商进行竞争,研究了四种情形并设计对应模型,最终对这四个模型进行相关的理论分析和算例分析。

通过理论分析,研究得出四种情形下本地制造商和外地再制造商为达到利润最大化的新产品、再制造产品的最优产量以及在该产量下的最大利润。通过对求出的最优产量表达式进行分析,确定了各企业进入再制造领域的边界条件,并得出政府补贴能够放宽各企业从事再制造活动的边界条件从而促进再制造的结论。

通过算例分析,了解了消费者对再制造产品的接受程度(α,β)以及政府补贴和回收竞争程度对企业的影响,并对四种情形进行了比较,得到一些结论。(1)消费者对再制造产品接受程度较高时,从事再制造是有利可图的。(2)消费者对某企业再制造产品的接受程度越高,该企业的再制造品最优产量(需求量)越高,竞争企业的再制造产品最优产量(需求量)越低。(3)回收竞争使得本地制造商和外地再制造商的再制造品产量均下降,但大大提高了整个社会的再制造品产量。(4)当消费者对两个企业的再制造产品接受程度相差较大时,竞争反而会降低整个供应链的总利润,此时拥有较高再制造品接受程度的企业单独从事再制造反而能够拥有更高的供应链总利润。(5)政府对再制造活动的补贴,能够进一步提高从事再制造企业的利润。(6)企业回收竞争越激烈,对供应链总利润损害越大,且对企业各自的再制造活动也会造成较大的影响。(7)因为新产品的利润率较大,接受程度较高,因此从事新产品生产的企业要慎重考虑是否从事再制造,以防再制造产品侵蚀新产品市场却无法弥补损失的市场利润。

本章的不足之处在于模型设计较为复杂,参数较多,导致最终所求结果表达式较为复杂,导致一些结论不够直观。

第4章 再制造补贴与碳税退税
再制造供应链决策

政府作为一个政策制定者,希望促进对环境有害的废旧产品的回收与再制造,并已经采取了许多相关行动,比如碳税和补贴政策。然而,碳税在一定程度上会造成企业的利润损失,因此政府必须给予其他补贴以平衡利润与碳排放。因此,本章研究了政府再制造补贴和碳税退税两种补贴机制,研究了这两种机制下的最优定价和生产决策问题。研究结果表明:碳税对定价策略有很大的影响,以旧换新补贴可以鼓励消费者用新产品或再制造产品替换现有产品。再制造补贴和碳税退税都有利于制造商,并能进一步促进再制造的发展。

4.1 背 景

随着人们对资源环境问题的日益关注,节能减排已成为当前社会各界的热点话题。随着低碳时代的到来,政府和企业正采取一系列措施应对当前的形势。一方面,政府正在采取征收碳税、限制碳排放等措施,改变企业的生产经营方式,减少碳排放。另一方面,政府可以提供补贴,鼓励企业生产环保产品,并鼓励消费者使用。为了应对政府措施和市场的变化,企业不得不调整生产计划,保证自身的利润。回收再制造有利于形成资源产品-废旧产品-再制造产品的循环经济模式,充分利用资源,保护生态环境,是实现低碳经济发展的重大举措。

再制造是使旧机器焕发出新的生命力的过程。它以旧的机械设备为核心,在原有产品的基础上,通过特殊的工艺和技术,制造出新产品。再制造的关键是回收利用旧产品作为可用于再制造的资源。相反,一些旧产品的持续使用和不当处置涉及能源消耗,会造成环境污染,如二手车和废旧家电。如果这些废品可以回收再制造,碳排放量就会大幅下降。作为一种特殊的回收方式,以旧换新不仅可以回收旧产品(又称旧件)进行再制造,而且还可以带来许多附加利益。这种做法已得到广泛遵守。从经济学角度看,McConocha 和 Speh(1991)认为回收再拆卸、翻新和再制造可以节约成本,缩短生产周期,带来新的发展机遇[238]。从战略角度看,以旧换新并进行再制造可以扩大产品销售规模,培养品牌忠诚度,同时降低二手市场的竞争。从环境保护的角度来看,以旧换新与再制造方式减少了资源浪费和能源消耗,提高了消费者的环保意识。以旧换新与再制造,使得回收和销售之间有了更为密切的联系。以旧换新消费者将旧产品交给回收商,回收商(通常是零售商或制造商)为消费者提供奖励,并以折扣价(通常是政府提供补贴)将其产品出售给客户。随后,回收产品被拆解或翻新和再制造。在中国,政府于 2009 年启动了家电以旧换新计划,并于 2013 年启动了再制造汽车零部件以旧换新计划。

再制造有着广阔的发展前景,但由于传统消费观念和技术进步的制约,再制造发展缓慢,低收益导致企业主动性不高。补贴是政府鼓励企业再制造,吸引消费者购买再制造产品的最直接的方式。举例来说,2008 年,我国《循环经济促进法》对再制造进行了规范,2010 年,国家发改委等 11 部委联合发布了《关于促进再制造发展的意见》。已有研究表明,政府补贴能够促进再制造的发展,有利于闭环供应链中的制造商、再制造商、零售商和顾客以及其他成员[239,240]。

再制造和以旧换新项目与碳排放的潜在减少密切相关,这正成为各国政府共同关注的问题。碳税作为一种经济有效的措施,也备受关注。目前,芬兰、荷兰和瑞典已经制定了碳税制度,并取得了实质性成果。然而,大量研究表明,碳税在很大程度上增加了企业的成本,对企业的利润产生了负面影响。一些学者提出了碳税制度设计的政策建议,以尽量减少负面影响。在这样的背景下,本章指出,向企业征收碳税的目的是为了保证低碳生产,以降低碳排放成本。然而,由于传统消费观念和技术进步的制约,再制造无法使企业获得更多的利润。因此,为了减少碳税的负面影响,平衡企业利润和碳排放成本,政府有两个中性税收政策将碳税从企业转移到低碳高科技新兴产业(再制造业):政府再制造补贴和碳税退税。本章旨在对这两种转移支付方式进行比较。

为了更好地探索哪种政策更适合企业和低碳经济,本章提出以下问题:

(1)当政府推出碳税和再制造补贴计划时,在不同的政策下,最优的定价和生产策略是什么?

(2)与不提供政府补贴的情况相比,企业在再制造补贴或碳税退税模式下是否能获得更高的利润？

（3）哪种政策模式适合环境和再制造发展？

4.2 模型与假设

4.2.1 以旧换新政策与消费者行为

本章研究的是一家以原材料生产新产品并通过以旧换新的方式回收旧产品、制造再制造产品的垄断企业。新产品的生产成本为 c_n，而再制造产品的生产成本为 c_r，回收价格为 v。在市场上，有两种类型的客户：新客户（首次购买者）和替代客户（拥有二手产品）。新客户在购买产品之前没有二手产品，可以直接购买新产品或再制造产品。替代客户有种选择方式：第一，可以选择保留现有产品而不参与购买；第二，直接购买新产品或者再制造产品；第三，将现有二手产品进行交易以获得新产品或再制造产品。由于政府为交易二手产品的替代客户（以旧换新行为）提供补贴 s_t，而单纯购买新产品不能获得回收价格和以旧换新补贴，且假设消费者是理性的。因此，拥有旧产品的替代消费者倾向于通过以旧换新的方式购买产品。因此，本章仅考虑消费者会对现有二手产品进行交易，以获得新产品或者再制造产品。假设市场上的所有顾客数量为 1，则有 α 个新顾客和 $1-\alpha$ 个替代顾客，其中 $0 \leqslant \alpha \leqslant 1^{[185]}$。

新客户和替代客户在观察公司确定的价格后，根据与新产品和再制造产品相关的效用做出购买决策。在实践中，产品被贴上"新"或"再制造"的标签，这种标签会影响消费者对价值的感知。因此，客户对新产品和再制造产品有不同的偏好，而公司将采用价格歧视政策。

假设消费者对新产品的支付意愿为 θ，而消费者对再制造产品的支付意愿较低，为 $t\theta$，$0 \leqslant t \leqslant 1^{[241]}$。给定新产品价格 p_n、再制造产品价格 p_r 和回收价格 v，首次购买者（新客户）从购买新产品中获得的效用为：$U_n^{\alpha} = \theta - p_n$；新客户从购买再制造产品中获得的效用为：$U_r^{\alpha} = t\theta - p_r$。当 $U_n^{\alpha} > U_r^{\alpha}$ 且 $U_n^{\alpha} > 0$ 时，新客户购买新产品；否则，当 $U_r^{\alpha} > 0$ 时，新客户购买再制造产品。对于拥有二手产品的消费者（替代客户），其拥有老产品的认知价值为 $\delta\theta$，$0 < \delta < t^{[185]}$。因此，替代客户购买新产品可以获得效用：$U_n^{1-\alpha} = \theta - p_n + v + s_t - \delta\theta$；替代客户购买再制造产品可以获得效用：$U_r^{1-\alpha} = t\theta - p_r + v + s_t - \delta\theta$。当 $U_n^{1-\alpha} > U_r^{1-\alpha}$ 和 $U_n^{1-\alpha} > 0$ 时，替代

客户更换新产品;否则,当 $U_r^{1-a}>0$ 时,替代客户更换再制造产品。

如果 $\theta>p_n$,新客户会考虑购买新产品;如果 $t\theta>p_r$,新客户会考虑购买再制造产品;如果 $\theta>p_n$ 和 $t\theta>p_r$,那么新客户会购买效用最大的产品。只有当 $(t\theta-p_r)-(\theta-p_n)>0$ 且 $t\theta-p_r>0$ 时,新客户才会购买再制造产品。这意味着 $p_n-p_r>(1-t)\theta$ 和 $\theta>\dfrac{p_r}{t}$,即 $\dfrac{p_n-p_r}{1-t}>\theta>\dfrac{p_r}{t}$,这意味着 $p_r\leqslant tp_n$。因此,当制造商对再制造产品采取低价策略时($p_r\leqslant tp_n$),新消费者对新产品的需求为 $q_n^a=\alpha\left(1-\dfrac{p_n-p_r}{1-t}\right)$,而新消费者对再制造产品的需求为 $q_r^a=\alpha\left(\dfrac{p_n-p_r}{1-t}-\dfrac{p_r}{t}\right)$。

当制造商对再制造产品采取高价策略时,$(p_r>tp_n)$,$(t\theta-p_r)<(\theta-p_n)$,所有新消费者转向购买新产品:$q_n^a=\alpha(1-p_n)$,他们对再制造产品的需求为零。同样,在替代消费者方面,如果 $\theta>p_n+v+s_t-\delta\theta$,消费者倾向于购买新产品;如果 $t\theta>p_r+v+s_t-\delta\theta$,消费者倾向于购买再制造产品。如果 $\theta-p_n+v+s_t-\delta\theta>0$ 和 $t\theta-p_r+v+s_t-\delta\theta>0$,则消费者根据制造商的定价策略获得的效用,用新的或再制造的产品替换旧产品。只有当 $t\theta-p_r+v+s_t-\delta\theta-(\theta-p_n+v+s_t-\delta\theta)>0$ 和 $t\theta-p_r+v+s_t-\delta\theta>0$ 时,以旧换新客户才会购买再制造产品。这意味着 $p_n-p_r>(1-t)\theta$ 和 $\theta>\dfrac{p_r-v-s_t}{t-\delta}$,$(t-\delta)p_n-(1-\delta)p_r+(1-t)(v+s_t)>0$。

为了便于讨论,这里定义了 $\Delta=(t-\delta)p_n-(1-\delta)p_r+(1-t)(v+s_t)$。考虑两种情况:$\Delta\geqslant0$ 和 $\Delta<0$。当 $\Delta\geqslant0$ 时,以旧换新客户会考虑购买新产品:$q_n^{1-a}=(1-\alpha)\left(1-\dfrac{p_n-p_r}{1-t}\right)$;如果 $q_r^{1-a}=(1-\alpha)\left(\dfrac{p_n-p_r}{1-t}-\dfrac{p_r-v-s_t}{t-\delta}\right)=\dfrac{(t-\delta)p_n-(1-\delta)p_r+(1-t)(v+s_t)}{(t-\delta)(1-t)}$,以旧换新客户会考虑购买再制造产品。当 $\Delta<0$ 时,拥有旧产品的消费者将用新产品代替旧产品 $q_n^{1-a}=(1-\alpha)(1-\dfrac{p_r-v-s_t}{1-\delta})$,$q_r^{1-a}=0$。本章旨在探讨政府推动对再制造发展的影响。为了简化和突出分析,假设再制造不小于 0,即企业对新产品和再制造产品的定价策略满足以下条件:$p_r\leqslant tp_n$ 和 $\Delta=(t-\delta)p_n-(1-\delta)p_r+(1-t)(v+s_t)>0$。因此,新消费者对新产品和再制造产品的需求为:$q_n^a=\left(1-\dfrac{p_n-p_r}{1-t}\right)$,$q_r^a=\alpha\cdot$

$\left(\dfrac{p_n-p_r}{1-t}-\dfrac{p_r}{t}\right)$；替代消费者对新产品和再制造产品的需求为：$q_n^{1-\alpha}=(1-\alpha)\cdot$

$\left(1-\dfrac{p_n-p_r}{1-t}\right),q_r^{1-\alpha}=(1-\alpha)\left(\dfrac{p_n-p_r}{1-t}-\dfrac{p_r-v-s_t}{t-\delta}\right)$。

4.2.2　碳排放

碳税旨在促使企业通过供应链外部的内部化，在技术、运营、绝对性等方面采取减排措施。当碳税的成本涵盖了生产利润时，企业必须绝对减排，即停止生产污染巨大的产品，以满足减排的要求。为了控制碳排放，政府通常对企业实施税收管制。目前，碳管制主要有两种模式：碳税和碳交易。本章探讨了碳税的征收模式。例如，加拿大对煤炭、石油和汽油的消费征收碳税。本章将政府征收的碳税税率定义为 c，即与碳排放相关的额外线性成本。通常情况下，制造再制造产品的排放量比制造新产品的排放量少，因为制造过程中消耗的材料和能源更少。假设单位新产品生产的碳排放量为 $e_n(e_n>0)$，单位再制造产品生产的碳排放量为 $e_r(e_r>0)$ 且 $e_n>e_r$。因此，制造商的碳排放成本为 $CE=e_nc(q_n^{\alpha}+q_n^{1-\alpha})+e_rc(q_r^{\alpha}+q_r^{1-\alpha})$。从这个等式可以看出，制造商对产品需求的增加意味着碳排放量的增加和成本的增加。然而，对产品的需求越高，制造商的利润就越大。因此，寻求利润与碳排放之间的最优组合对于制造商来说是非常重要的。这种组合的动力是制造业和再制造业的最优生产决策。作为碳税的政策制定者，政府有机会通过调节碳税来促进或迫使企业调整生产。

4.2.3　不同政策下以旧换新的 CLSC 模型

在模型 S 中，政府对再制造进行补贴，再制造补贴是政府激励的一种常用方法。在政府再制造补贴模式下，政府对单位再制造产品的生产企业给予 s_r 补贴[242]。在模型 C 中，政府对新产品和再制造产品的碳排放征收不同的税收标准。新产品单位碳排放税为 c，而再制造产品单位碳排放税为 ρc。由于再制造产品的碳排放量小于新产品的碳排放量，因此假设 $\rho<1$ 是为了鼓励再制造实现可持续发展的目标（见图 4.1）。

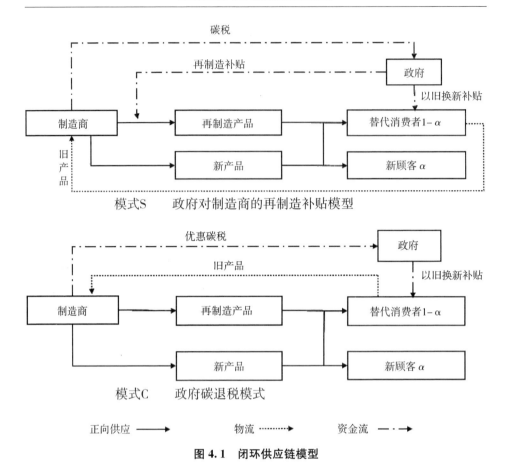

模式S　政府对制造商的再制造补贴模型

模式C　政府碳退税模式

正向供应 ——→　　　　物流 ·······▸　　　　资金流 —·—▸

图 4.1　闭环供应链模型

为了清楚地解释模型,表 4.1 总结了变量符号,并阐述了一些相关假设。

表 4.1　变量列表

参数	定义
p_n / p_r	新产品和再制造产品的销售价格
c_n / c_r	新产品和再制造产品的单位成本
v	废旧产品回收价格
s_t	以旧换新补贴
α	新消费者的比例为 $0 < \alpha < 1$,因此替代消费者的比例为 $1 - \alpha$
q_n^k / q_r^k	新消费者或重复消费者对产品和再制造产品的需求($k = \alpha, 1 - \alpha$)

续表

参数	定义
θ	新产品支付意愿
$t\theta$	再制造产品的支付意愿
$\delta\theta$	消费者对所拥有的二手产品的认知价值
e_n/e_r	新产品和再制造产品单位碳排放量
c	再制造补贴模式下新产品和再制造产品单位碳排放税
s_r	以再制造补贴方式对单位再制造产品进行补贴
ρc	退税模式下再制造产品单位碳排放税研究
Π_M	制造商利润

4.3 模型制定与求解

闭环供应链中的制造商通过确定最优的新产品生产计划和再制造产品生产计划来实现利润最大化 p_n^* 和 p_r^*。这里,$\Pi_M^X(\Pi_M^{X*})$ 表示制造商的利润(制造商的最大利润)。$X=S,C$,其中 S 和 C 是所实施的不同政府政策中模型的上标。下面,为了区分两个不同模型中的每个相关值,模型 S 中的相关符号标有 S 的上标,而模型 C 中的相关符号标有 C 的上标。

4.3.1 模型 S——政府对制造商的再制造补贴

在这种模式下,政府对再制造给予单位补贴,以降低生产成本,进而鼓励企业进行再制造。假设当前市场上既有新产品也有再制造产品。制造商以前生产的旧产品,本期可以通过置换回收,下一期可以进行再制造。本章只考虑一个周期。假设旧产品的单位残值为常数 b[185]。为了使新产品和再制造产品的总利润最大化,制造商解决了以下优化问题:

$$\max \Pi_M^S = (p_n - c_n - ce_n)(q_n^a + q_n^{1-a}) + (p_r - c_r + s_r - ce_r)(q_r^a + q_r^{1-a}) - (v-b)(q_n^{1-a} + q_r^{1-a}) \tag{4.1}$$

命题 1 在模型 S 中,当 $c_r + ce_r \leqslant t(c_n + ce_n) + s_r$ 和 $(t-\delta)(c_n + ce_n) -$

$(1-\delta)(c_r+ce_r)+(1-t)(b+s_t)+(1-\delta)s_r\geqslant0$,制造商最优定价策略的组合为：

$$p_n^{S*}=\frac{1+c_n+ce_n}{2};\quad p_r^{S*}=\frac{t+c_r+ce_r-s_r}{2};\quad v^{S*}=\frac{b+\delta-s_t}{2}$$

根据上述命题：(1)新产品的销售价格取决于成本结构和碳税。再制造产品的价格主要取决于消费者的支付意愿 t、再制造成本 c_r、碳税率 c,再制造产品的价格随着生产成本和碳税的增加而增加。再制造产品的价格随着 t 的增加而增加,特别是对于绿色消费者,考虑到环境保护,他们愿意在再制造产品上花更多的钱。因此,企业没有必要采取低价策略来吸引对价格敏感的消费者。(2)通过政府的再制造补贴,降低了生产成本,降低了产品价格。当政府对再制造进行补贴时,企业倾向于与消费者分享部分补贴,以吸引消费者并增加自己的销量。(3)回收价格(从消费者手中购买旧产品的价格)受旧产品的残值 b、消费者对旧产品的认知价值 δ 的影响,如果旧产品的残值 b 对企业来说是显著的,并且感知到的经济价值增加,企业愿意提高回收价格。此外,如果消费者对旧产品的认知价值 δ 较大,并且消费者更愿意继续使用旧产品,则以旧换新的意愿较低。因此,提高回收利用价格,刺激消费者更换产品,对企业来说是非常重要的。此外,从方程 $v^{S*}=(b+\delta-s_t)/2$ 可以看出,当 $b+\delta>s_t$ 时,回收价格为负。当旧产品的残值 b 很小或消费者使用旧产品的价值 δ 很低或两者都很低时,消费者应以政府补贴的方式为回收企业付费。很可能是政府强制企业对一些污染严重的老产品进行处理,而负回收价格实际上是企业对一些废旧产品进行回收处理的补贴。当政府补贴金额巨大时,企业往往会通过回收价格从消费者那里提取部分补贴。因此,政府有必要设定最优补贴。(4)碳税对新产品定价的影响大于再制造产品,因为再制造产品由于节省能源和材料,其碳排放通常低于新产品。

命题 2 在最优定价策略下,新产品和再制造产品的需求如下：

新消费者对新产品的需求是：

$$q_n^{aS*}=\alpha\left(\frac{1}{2}-\frac{c_n+ce_n-c_r-ce_r+s_r}{2(1-t)}\right) \tag{4.2}$$

新消费者对再制造产品的需求是：

$$q_r^{aS*}=\alpha\frac{tc_n+tce_n-c_r-ce_r+s_r}{2t(1-t)} \tag{4.3}$$

替代消费者对新产品的需求是：

$$q_n^{(1-a)S*}=(1-\alpha)\left(\frac{1}{2}-\frac{c_n+ce_n-c_r-ce_r+s_r}{2(1-t)}\right) \tag{4.4}$$

替代消费者对再制造产品的需求是：

$$q_r^{(1-\alpha)S*} = (1-\alpha) \frac{(t-\delta)(c_n+ce_n)-(1-\delta)(c_r+ce_r)+(1-t)(b+s_t)+(1-\delta)s_r}{2(t-\delta)(1-t)}$$

$$(4.5)$$

旧产品回收量是指以旧换新的消费者的需求量：

$$q_v^S = q_n^{(1-\alpha)S*} + q_r^{(1-\alpha)S*} = (1-\alpha) \frac{t+b+s_t+s_r-(c_r+ce_r)-\delta}{2(t-\delta)}$$

根据上述命题,制造商的生产决策取决于新产品和再制造产品的成本结构、碳税、企业和消费者感知的残值以及政府的补贴。(1)随着新产品生产成本的上升,新产品产量下降,而再制造产品产量上升。随着再制造产品生产成本的上升,新产品产量增加,而再制造产品产量下降。(2)政府补贴对新消费者没有影响,但可以鼓励消费者购买再制造产品。(3)政府对企业的再制造补贴减少了新产品的产量,对再制造的发展起到了积极的促进作用。(4)在以旧换新的情况下,企业和顾客感知到的旧产品残值也影响了替代市场的需求。(5)当再制造在碳排放方面具有优势时,即 $e_r \leqslant te_n$ 和 $(1-\delta)e_r < (t-\delta)e_n$,碳税在促进再制造产品生产的同时,对新产品的产量产生相反的影响。相反,随着碳税的提高,新产品和再制造产品的产量都在下降。(6)回收产品的数量与再制造成本呈负相关。再制造成本越高,企业再制造意愿越低。企业不愿意回收旧产品。旧产品回收量与政府以旧换新补贴正相关(见表4.2)。

表 4.2　在 c_n,c_r,s_t 和 s_r 上产品数量的单调性

变量	$q_n^{\alpha S*}$	$q_r^{\alpha S*}$	$q_n^{(1-\alpha)S*}$	$q_r^{(1-\alpha)S*}$
$c_n/c_r \nearrow$	$\searrow/\nearrow$	$\nearrow/\searrow$	$\searrow/\nearrow$	$\nearrow/\searrow$
$s_t \nearrow$	$\rightarrow$	$\rightarrow$	$\rightarrow$	$\nearrow$
$s_r \nearrow$	$\searrow$	$\nearrow$	$\searrow$	$\nearrow$
$c \nearrow$	$\searrow$	$\nearrow$	$\searrow$	$\nearrow$

现在,制造商的最佳利润是：

$$\Pi_M^{S*} = (p_n^{S*}-c_n-ce_n)(q_n^{\alpha S*}+q_n^{(1-\alpha)S*}) + (p_r-c_r-ce_r+s_r)(q_r^{\alpha S*}+q_r^{(1-\alpha)S*})-(v^{S*}-b)(q_n^{(1-\alpha)S*}+q_r^{(1-\alpha)S*})$$

4.3.2　模型 C——政府再制造退税

在这种模式下,政府推出再制造碳回扣,鼓励企业进行再制造。设生产新产品的碳排放税单位为 c,而生产再制造产品的碳排放税单位为 ρc。为了使新产

品和再制造产品的总利润最大化,制造商解决了以下优化问题:

$$\max \Pi_M^C = (p_n - c_n - ce_n)(q_n^\alpha + q_n^{1-\alpha}) + (p_r - c_r - \rho ce_r)(q_r^\alpha + q_r^{1-\alpha}) - (\nu - b)(q_n^{1-\alpha} + q_r^{1-\alpha}) \tag{4.6}$$

命题 3 在模型 C 中,当 $c_r + \rho ce_r \leqslant t(c_n + ce_n)$ 和 $(t-\delta)(c_n + ce_n) - (1-\delta)(c_r + \rho ce_r) + (1-t)(b+s_t) \geqslant 0$ 时,制造商最优定价策略的组合为:

$$p_n^{C*} = \frac{1 + c_n + ce_n}{2}; \quad p_r^{C*} = \frac{t + c_r + \rho ce_r}{2}; \quad \nu^{C*} = \frac{b + \delta - s_t}{2}$$

从命题 3 可以看出,模型 C 中制造商的最优定价策略组合与模型 S 中的定价策略相似。(1)新产品和再制造产品的价格取决于成本结构、碳税和消费者的支付意愿。随着生产成本和碳税的增加,新产品和再制造产品的销售价格都在上涨。再制造产品的价格随着消费者支付意愿的提高而上升。(2)在退税方式下,碳税对新产品定价的影响大于再制造产品,由于制造新产品的碳排放量大于制造再制造产品的碳排放量,再制造产品的税收低于新产品的税收。(3)回收价格受旧产品残值、消费者对现有产品认知价值的影响,以及政府的以旧换新补贴。与模型 S 相似,当旧产品的残值极低、消费者对旧产品的认知价值极低或政府补贴巨大时,企业的回收价格可能为负。

命题 4 在最优定价政策下,新产品和再制造产品需求如下:

新消费者对新产品的需求是:

$$q_n^{\alpha C*} = \alpha \left(\frac{1}{2} - \frac{c_n + ce_n - c_r - \rho ce_r}{2(1-t)} \right) \tag{4.7}$$

新消费者对再制造产品的需求是:

$$q_r^{\alpha C*} = \alpha \frac{tc_n + tce_n - c_r - \rho ce_r}{2t(1-t)} \tag{4.8}$$

替代客户对新产品的需求是:

$$q_n^{(1-\alpha)C*} = (1-\alpha) \left(\frac{1}{2} - \frac{c_n + ce_n - c_r - \rho ce_r}{2(1-t)} \right) \tag{4.9}$$

替代客户对再制造产品的需求是:

$$q_r^{(1-\alpha)C*} = (1-\alpha) \left(\frac{(t-\delta)(c_n + ce_n) - (1-\delta)(c_r + \rho ce_r) + (1-t)(b+s_t)}{2(t-r)(1-t)} \right) \tag{4.10}$$

回收旧产品的数量是指以下列方式进行交易的消费者所需的数量:

$$q_\nu^C = q_n^{(1-\alpha)C*} + q_r^{(1-\alpha)C*} = (1-\alpha) \frac{t + b + s_t - (c_r + \rho ce_r) - \delta}{2(t-\delta)}$$

根据上述命题,制造商的生产决策取决于新产品和再制造产品的成本结构、碳税、企业和消费者感知的残值以及政府的以旧换新补贴。(1)随着新产品生产成本的上升,新产品产量下降,而再制造产品产量上升。随着再制造产品生产成本的上升,新产品产量增加,而再制造产品产量下降。(2)随着新产品碳税 c 的上升,新产品产量下降,而再制造产品产量增加。随着碳退税率的提高,即再制造产品的 ρ 降低,再制造的优势增强,再制造产品的产量增加。(3)政府的置换补贴对新消费者没有任何影响,但会影响消费者的置换决策。(4)旧产品回收量与再制造成本呈负相关。再制造成本越高,企业再制造意愿越低,企业越不愿意回收旧产品。旧产品回收量与政府以旧换新补贴正相关(见表 4.3)。

表 4.3　在 c_n, c_r, s_t, c 和 ρ 上产品数量的单调性

变量	q_n^{aS*}	q_r^{aS*}	$q_n^{(1-a)S*}$	$q_r^{(1-a)S*}$
$c_n/c_r \nearrow$	$\searrow/\nearrow$	$\nearrow/\searrow$	$\searrow/\nearrow$	$\nearrow/\searrow$
$s_t \nearrow$	$\rightarrow$	$\rightarrow$	$\rightarrow$	$\nearrow$
$c \nearrow$	$\searrow$	$\nearrow$	$\searrow$	$\nearrow$
$\rho \nearrow$	$\nearrow$	$\searrow$	$\nearrow$	$\searrow$

现在,制造商的最佳利润是:

$$\Pi_M^{C*} = (p_n^{C*} - c_n - ce_n)(q_n^{aC*} + q_n^{(1-a)C*}) + (p_r - c_r - \rho ce_r)(q_r^{aC*} + q_r^{(1-a)C*}) - (v^{S*} - b)(q_n^{(1-a)C*} + q_r^{(1-a)C*}) \tag{4.11}$$

4.4　不同模型的比较

以上讨论涉及制造商在不同模型下的最优定价决策,并导出了一系列相关指标。本章分析了哪种补贴方式可以减少碳税对制造业利润的负面影响,有利于政府促进再制造业的发展。

为了更好地解释政府政策的有效性,本章引入了一个基准模型:政府不向制造商提供再制造补贴,也不推出退税。下面,这种情况用上标 N 来标记。因此,在没有政府再制造补贴或退税的情况下,制造商的利润为:

$$\max \Pi_M^N = (p_n - c_n - ce_n)(q_n^a + q_n^{1-a}) + (p_r - c_r - ce_r)(q_r^a + q_r^{1-a}) - (v - b)(q_n^{1-a} + q_r^{1-a})$$

在模型 N 中,当 $c_r + ce_r \leqslant t(c_n + ce_n)$ 和 $(t-\delta)(c_n + ce_n) - (1-\delta)(c_r + ce_r) + (1-t)(b+s_t) \geqslant 0$ 时,制造商价格的最优决策为:

$$p_n^{C*} = \frac{1 + c_n + ce_n}{2}; p_r^{C*} = \frac{t + c_r + ce_r}{2}; v^{C*} = \frac{b + \delta - s_t}{2}。$$

因此,对新产品和再制造产品的最大需求是:

$$q_n^{aN*} = \alpha \left(\frac{1}{2} - \frac{c_n + ce_n - c_r - ce_r}{2(1-t)} \right)$$

$$q_r^{aN*} = \alpha \frac{tc_n + tce_n - c_r - ce_r}{2t(1-t)}$$

$$q_n^{(1-\alpha)N*} = (1-\alpha) \left(\frac{1}{2} - \frac{c_n + ce_n - c_r - ce_r}{2(1-t)} \right)$$

$$q_r^{(1-\alpha)N*} = (1-\alpha) \frac{(t-\delta)(c_n + ce_n) - (1-\delta)(c_r + ce_r) + (1-t)(b+s_t)}{2(t-r)(1-t)}$$

旧产品回收量为:

$$q_v^N = q_n^{(1-\alpha)N*} + q_r^{(1-\alpha)N*} = (1-\alpha) \frac{t + b + s_t + -(c_r + ce_r) - \delta}{2(t-\delta)}$$

因此,制造商的最佳利润是:

$$\Pi_M^{N*} = (p_n^{N*} - c_n - ce_n)(q_n^{aN*} + q_n^{(1-\alpha)N*}) + (p_r^{N*} - c_r - ce_r)(q_r^{aN*} + q_r^{(1-\alpha)N*}) - (v^{N*} - b)(q_n^{(1-\alpha)N*} + q_r^{(1-\alpha)N*})$$

以下是从均衡决策和利润、环境影响、消费者剩余和社会福利方面进行的比较。

4.4.1 均衡决策与利润的比较

观察 1 在三个模型中新产品的价格是相同的:$p_n^{N*} = p_n^{S*} = p_n^{C*}$。

制造新产品的价格只与生产成本和碳税税率有关。在这三种模式中,新产品的生产成本和碳税的征收标准不变,因此它们的价格是固定的。

观察 2 三种模型的再制造产品价格分别为:当$(1-\rho)ce_r \geqslant s_r$ 时,$p_r^{N*} \geqslant p_r^{S*} \geqslant p_r^{C*}$。当$(1-\rho)ce_r < s_r$ 时,$p_r^{N*} \geqslant p_r^{C*} \geqslant p_r^{S*}$。

再制造产品的价格取决于再制造成本、消费者支付意愿、碳税和政府相关政策。如果生产成本和消费者支付意愿不变,在没有政府补贴的情况下,再制造产品的售价最高。当政府补贴再制造时,企业在生产上具有成本优势,企业可以低价销售,获得更大的销量,从而获得更多的利润。当政府向企业提供再制造补贴s_r 时,再制造产品的价格$\frac{s_r}{2}$下降,表明企业与消费者分享了部分政府补贴。

证明 $p_r^{N*} - p_r^{S*} = \frac{t + c_r + ce_r}{2} - \frac{t + c_r + ce_r - s_r}{2} = \frac{s_r}{2} > 0$。

政府对企业再制造实行退税后,碳排放的再制造成本较无补贴的情况有所降低。因此,企业能够通过低价吸引更多的消费者。政府的退税是$(1-\rho)ce_r$,

再制造产品价格下降 $\dfrac{(1-\rho)ce_r}{2}$。

证明　$p_r^{N*} - p_r^{C*} = \dfrac{t+c_r+ce_r}{2} - \dfrac{t+c_r+\rho ce_r}{2} = \dfrac{(1-\rho)ce_r}{2} > 0$。

当政府对企业的再制造单位补贴低于再制造产品单位碳退税时，$p_r^{S*} \geqslant p_r^{C*}$；否则，$p_r^{S*} \leqslant p_r^{C*}$。

证明

$$p_r^{S*} - p_r^{C*} = \dfrac{t+c_r+ce_r-s_r}{2} - \dfrac{t+c_r+\rho ce_r}{2} = \dfrac{ce_r-s_r-\rho ce_r}{2} = \dfrac{(1-\rho)ce_r-s_r}{2}。$$

观察 3　三种模型的旧产品回收价格相同：$v^{N*} = v^{S*} = v^{C*}$。

旧产品的回收价格与旧产品的残值(b)、消费者对现有产品的认知价值(δ)和政府的以旧换新补贴(s_t)有关。b，δ 和 s_t 在三种模型中没有变化，因此它们的回收价格是相同的。

观察 4　三个模型中新消费者和消费者对新产品和再制造产品的需求满足的位置：

当 $1-\rho ce_r \geqslant s_r$ 时，$q_n^{aN*} \geqslant q_n^{aS*} \geqslant q_n^{aC*}$，$q_r^{aC*} \geqslant q_r^{aS*} \geqslant q_r^{aN*}$，$q_n^{(1-a)N*} \geqslant q_n^{(1-a)S*} \geqslant q_n^{(1-a)C*}$，$q_r^{(1-a)C*} \geqslant q_r^{(1-a)S*} \geqslant q_r^{(1-a)N*}$。

当 $1-\rho ce_r < s_r$ 时，$q_n^{aN*} \geqslant q_n^{aC*} \geqslant q_n^{aS*}$，$q_r^{aS*} \geqslant q_r^{aC*} \geqslant q_r^{aN*}$，$q_n^{(1-a)N*} \geqslant q_n^{(1-a)C*} \geqslant q_n^{(1-a)S*}$，$q_r^{(1-a)S*} \geqslant q_r^{(1-a)C*} \geqslant q_r^{(1-a)N*}$。

证明

$$q_n^{aN*} - q_n^{aC*} = \alpha\left(\dfrac{1}{2} - \dfrac{c_n+ce_n-c_r-ce_r}{2(1-t)}\right) - \alpha\left(\dfrac{1}{2} - \dfrac{c_n+ce_n-c_r-\rho ce_r}{2(1-t)}\right)$$

$$= \alpha\,\dfrac{(1-\rho)ce_r}{2(1-t)} > 0$$

$$q_n^{aN*} - q_n^{aS*} = \alpha\left(\dfrac{1}{2} - \dfrac{c_n+ce_n-c_r-ce_r}{2(1-t)}\right) - \alpha\left(\dfrac{1}{2} - \dfrac{c_n+ce_n-c_r-ce_r+s_r}{2(1-t)}\right)$$

$$= \alpha\,\dfrac{s_r}{2(1-t)} > 0$$

$$q_n^{aC*} - q_n^{aS*} = \alpha\left(\dfrac{1}{2} - \dfrac{c_n+ce_n-c_r-\rho ce_r}{2(1-t)}\right) - \alpha\left(\dfrac{1}{2} - \dfrac{c_n+ce_n-c_r-ce_r+s_r}{2(1-t)}\right)$$

$$= \alpha\,\dfrac{s_r-(1-\rho)ce_r}{2(1-t)}$$

因此，当 $(c-c_0)e_r \geqslant s_r$ 时，$q_n^{aC*} - q_n^{aS*} < 0$；当 $c-c_0e_r < s_r$ 时，$q_n^{aC*} - q_n^{aS*} > 0$。

$$q_r^{aN*} - q_r^{aC*} = \alpha \frac{tc_n + tce_n - c_r - ce_r}{2t(1-t)} - \alpha \frac{tc_n + tce_n - c_r - \rho ce_r}{2t(1-t)}$$

$$= -\left(\alpha \frac{(1-\rho)ce_r}{2(1-t)}\right) < 0$$

$$q_r^{aN*} - q_r^{aS*} = \alpha \frac{tc_n + tce_n - c_r - ce_r}{2t(1-t)} - \alpha \frac{tc_n + tce_n - c_r - ce_r + s_r}{2t(1-t)}$$

$$= -\left(\alpha \frac{s_r}{2(1-t)}\right) < 0$$

$$q_r^{aC*} - q_r^{aS*} = \alpha \frac{tc_n + tce_n - c_r - \rho ce_r}{2t(1-t)} - \alpha \frac{tc_n + tce_n - c_r - ce_r + s_r}{2t(1-t)}$$

$$= -\left(\alpha \frac{s_r - (1-\rho)ce_r}{2(1-t)}\right)$$

因此,当 $1 - \rho ce_r \geqslant s_r$ 时, $q_r^{aC*} - q_r^{aS*} > 0$;当 $1 - \rho ce_r < s_r$ 时, $q_r^{aC*} - q_r^{aS*} < 0$ 。同样,替代消费者的销售额也可以得到。

旧产品回收量满足:当 $1 - \rho ce_r \geqslant s_r$ 时, $q_v^C > q_v^S > q_v^N$;当 $1 - \rho ce_r < s_r$ 时, $q_v^S > q_v^C > q_v^N$ 。

上述分析表明,政府的再制造补贴和退税减少了对新产品的需求,增加了对再制造产品的需求。政府补贴越多,对再制造产品的需求就越大。

观察 5 制造商在三种模型下的利润是:当 $1 - \rho ce_r \geqslant s_r$ 时, $\Pi_M^{C*} \geqslant \Pi_M^{S*} \geqslant \Pi_M^{N*}$;当 $1 - \rho ce_r < s_r$ 时, $\Pi_M^{S*} \geqslant \Pi_M^{C*} \geqslant \Pi_M^{N*}$ 。

当政府为企业提供再制造补贴和退税时,企业的利润往往大于没有任何补贴或优惠的情况。当退税金额大于再制造补贴金额时,退税对企业更为有利。相反,企业希望政府提供再制造补贴。

4.4.2　环境影响比较

制造单位新产品的碳排放量为 e_n ,制造单位再制造产品的碳排放量为 e_r 。

在模型 N 中,总碳排放量为: $N = e_n(q_n^{aN*} + q_n^{(1-a)N*}) + e_r(q_r^{aN*} + q_r^{(1-a)N*})$ 。

在模型 C 中,碳排放总量为: $C = e_n(q_n^{aC*} + q_n^{(1-a)C*}) + e_r(q_r^{aC*} + q_r^{(1-a)C*})$ 。

在模型 S 中,总碳排放量为: $S = e_n(q_n^{aS*} + q_n^{(1-a)S*}) + e_r(q_r^{aS*} + q_r^{(1-a)S*})$ 。

观察 6 当 $1 - \rho ce_r \geqslant s_r$ 时, $N > C > S$;反之,当 $1 - \rho ce_r < s_r$ 时, $N > S > C$ 。在没有政府补贴或退税的情况下,企业的碳排放量最大。因此,政府为企业提供再制造补贴和退税,促进再制造发展,减少碳排放。相反,随着政府补贴的增加,企业倾向于生产更多的产品以获得更大的利润。随着碳排放量的不断增加,政府必须制定合理的补贴政策,以在企业利润和碳排放之间取得平衡。

4.4.3　消费者剩余与社会福利的比较

(1)消费者剩余 $CS = \int_0^Q \theta \, d\theta - PQ$。将最优值代入每个模型的方程中,在模型 N 中,消费者剩余

$$CS_N = \left[\frac{1 + (p_n^{N*} - p_r^{N*})/(1-t)}{2} - p_n^{N*} \right] q_n^{aN*} +$$

$$\left[\frac{p_r^{N*} + t(p_n^{N*} - p_r^{N*})/(1-t)}{2} - p_r^{N*} \right] q_r^{aN*} + \left[\frac{1 + (p_n^{N*} - p_r^{N*})/(1-t)}{2} - \right.$$

$$\left. p_n^{N*} \right] q_n^{(1-a)N*} + \left[\frac{t(p_r^{N*} - \nu - s_t)/(t-\delta) + t(p_n^{N*} - p_r^{N*})(1-t)}{2} - p_n^{N*} \right] \cdot$$

$q_r^{(1-a)N*}$;在模型 C 中,消费者剩余 $CS_C = \left[\dfrac{1 + (p_n^{C*} - p_r^{C*})/(1-t)}{2} - p_n^{C*} \right] q_n^{aC*}$

$$+ \left[\frac{p_r^{C*} + t(p_n^{C*} - p_r^{C*})/(1-t)}{2} - p_r^{C*} \right] q_r^{aC*} + \left[\frac{1 + (p_n^{C*} - p_r^{C*})/(1-t)}{2} - \right.$$

$$\left. p_n^{C*} \right] q_n^{(1-a)C*} + \left[\frac{t(p_r^{C*} - \nu - s_t)/(t-\delta) + t(p_n^{C*} - p_r^{C*})(1-t)}{2} - p_r^{C*} \right] \cdot$$

$q_r^{(1-a)C*}$;在模型 S 中,消费者剩余 $CS_S = \left[\dfrac{1 + (p_n^{S*} - p_r^{S*})/(1-t)}{2} - p_n^{S*} \right] q_n^{aS*}$

$$+ \left[\frac{p_r^{S*} + t(p_n^{S*} - p_r^{S*})/(1-t)}{2} - p_r^{S*} \right] q_r^{aS*} + \left[\frac{1 + (p_n^{S*} - p_r^{S*})/(1-t)}{2} - \right.$$

$$\left. p_n^{S*} \right] q_n^{(1-a)S*} + \left[\frac{t(p_r^{S*} - \nu - s_t)/(t-\delta) + t(p_n^{S*} - p_r^{S*})(1-t)}{2} - p_r^{S*} \right] q_r^{(1-a)S*} .$$

观察 7　当 $1 - \rho ce_r \geqslant s_r$ 时,$CS_C > CS_S > CS_N$;反之,当 $1 - \rho ce_r < s_r$ 时,$CS_S > CS_C > CS_N$。模式中的补贴越大,意味着消费者剩余越多。

(2)社会福利 $SW = \Pi_M + CS$[204]。将最优值代入方程,得到各模型的社会福利。

观察 8　当 $1 - \rho ce_r \geqslant s_r$ 时,$SW_C > SW_S > SW_N$;反之,当 $1 - \rho ce_r < s_r$ 时,$SW_S > SW_C > SW_N$。模式中的补贴越大,意味着消费者剩余越多。由于方程的复杂性,这里不提供细节。下一节将提供数值例子。

4.5 算例分析

在这一部分中,通过一些数值例子来检验不同的政府政策对企业利润和碳排放的影响,从而分析哪种模式可以在不损害企业利润的情况下减少碳排放。基于前面的分析,可以比较利润和碳排放。

4.5.1 参数设计

根据文献中其他研究的假设,每个模型的参数值如下:$c_n=0.4,c_r=0.25$,$t=0.7$(当制造商采用低价策略时,需要 $p_r < tp_n$,解决方案表明当 $c_r < tc_n$ 时,可以保证有再制造需求),$\alpha=0.4$(当假设替代客户的比例大于新客户的比例,政府在以旧换新项目中为消费者提供补贴,以处理电子产品和其他危险废物)$s_t=0.2,e_n=0.4,e_r=0.2$(再制造无论在成本还是碳排放方面都有优势;由于再制造在碳排放方面具有优势,政府提供再制造补贴促进再制造发展),$\rho=0.5$(假设再制造碳排放量为新产品碳排放量的一半,再制造碳税享受 50% 的退税),$b=0.1,\delta=0.3,s_r=0.05$(政府按生产成本的 20% 补贴再制造商)。

4.5.2 结果分析

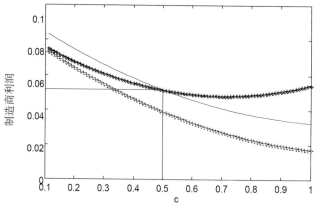

——有再制造补贴的制造商利润;∗∗∗ 有退税的制造商利润;＋＋＋没有政府补贴的制造商利润

图 4.2 与税率 c 有关的制造商利润

从图 4.2 可以看出,随着税率 c 的上升,企业无论有无补贴,利润都会逐渐下降,碳税将企业外部作为生产成本内部化,因此成本的上升意味着利润的下降。在碳税退税的情况下,利润有一个逐步增长后下降。产品碳排放量的测算、科学合理的碳税的制定及其调节、减免税或优惠功能、回报机制等,都可以很容易地得到制造商的支持。随着税率 c 的提高,政府退税方式的利润下降速度慢于政府再制造补贴方式的利润下降速度。这说明,当政府关注税率提高时,退税模式更适合企业。

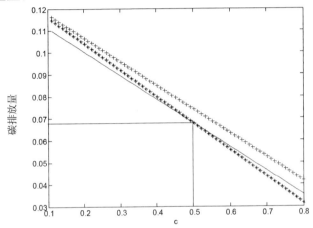

——有再制造补贴的碳排放量;∗∗∗ 有退税的碳排放量;＋＋＋没有政府补贴的碳排放量

图 4.3 与税率 c 有关的制造商碳排放量

此外,该图还显示了上面讨论的相同结果:当 $1-\rho ce_r > s_r$ 时,$\Pi_M^C > \Pi_M^S > \Pi_M^N$;反之,则 $\Pi_M^S \geqslant \Pi_M^C \geqslant \Pi_M^N$。这里的参数是:$\rho = 0.5$,$e_r = 0.2$,和 $s_r = 0.05$,因此可以看出,当 c 等于 0.5 时,$(1-0.5) \times 0.5 \times 0.2 = 0.05 = s_r = 0.05$。在这两种模式下,企业的利润是相同的。当 c 小于 0.5 时,政府再制造补贴方式的利润大于退税方式的利润。当 c 大于 0.5 时,政府再制造补贴模式的利润大于退税模式的利润。因此,从企业的角度来看,政府在特定模式下给予的补贴越多,意味着该模式下的利润就越大。反之,无论补贴方式如何,有政府补贴的企业利润大于无政府补贴的企业利润。

图 4.3 显示,随着税率 c 的提高,企业的碳排放量逐渐下降。更高的碳税和更高的碳排放成本使制造商考虑减产或转向生产更环保的产品。随着碳税的不断提高,退税方式的碳排放降低速度要快于再制造补贴方式。此外,该图还证明了上述公式中的分析:当 c 大于 0.5,$1-\rho ce_r \geqslant s_r$ 时,$N > C > E_S$;反之,当 $1-\rho ce_r < s_r$ 时,$N > S > C$。在这个机制中,更多的补贴意味着更少的碳排放。因此,政府有必要建立合理的补贴机制,在企业利润与碳排放之间取得平衡。

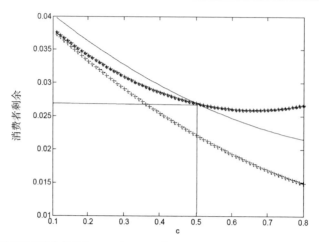

——有再制造补贴的消费者剩余；＊＊＊有退税的消费者剩余；＋＋＋没有政府补贴的消费者剩余

图 4.4 与税率 c 有关的制造商消费者剩余

图 4.4 显示，随着税率 c 的上升，消费者剩余逐渐下降，无论是否有再制造补贴。政府向企业征收碳税时，通过定价决策将部分碳税转移给消费者。因此，随着碳税的提高，消费者剩余减少。当有碳税退税时，消费者盈余在下降之后逐渐增长。建议政府制定科学合理的碳税和减免税，并提供优惠和返还机制，对消费者有利。有政府补贴或碳税退税的消费者盈余大于无政府补贴的消费者盈余。

当 c 大于 0.5，$1-\rho ce_r \geqslant s_r$ 时，$CS_N < CS_S < CS_C$；反之，当 $1-\rho ce_r < s_r$ 时，$CS_N < CS_C < CS_S$。

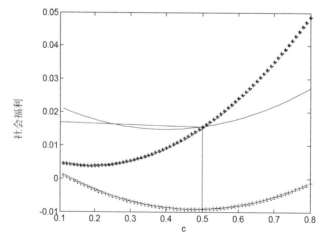

——有再制造补贴的社会福利；＊＊＊有退税的社会福利；＋＋＋无政府补贴的社会福利

图 4.5 与税率 c 有关的制造商社会福利

从图 4.5 可以看出,社会福利随着税率 c 的提高而增加,随着税率 c 的提高,企业的生产成本上升,利润下降,碳排放下降,消费者剩余减少。那么,为什么社会福利会增加呢? 社会福利方程为 $SW = \Pi_M + CS$,以上三个数字表明,随着 c 的上升,企业利润、消费者剩余和碳排放减少,而减少碳排放的规模和速度大于企业利润和消费者剩余的下降速度。因此,整个社会福利水平逐步提高,社会福利水平提高最快,特别是退税方式。

仿真结果表明,当政府通过再制造补贴或退税对制造商进行补贴时,消费者、制造商甚至政府都能从中受益。此外,碳税税率的提高可以增加社会福利,减少碳排放,但会损害企业利益和消费者剩余。因此,通过提高碳税率来减少碳排放并不是最佳选择。

4.6　本章小结

本章比较了政府再制造补贴机制和退税政策两种模型中制造商在单周期内的决策。分析了碳税和以旧换新方案下制造商的最优定价和生产决策。本章通过详细分析和数值研究,探讨了政府政策对企业、环境、消费者剩余、社会效用等诸多方面的最优决策的影响。这些可以为政府促进可持续发展的政策法规提供参考,为企业响应政府相关政策指明方向。

从整体的角度来看,政府作为一个政策制定者,希望促进危险旧产品的再制造和妥善处置,已经采取了许多行动,包括碳排放税等碳管制和以旧换新补贴等财政激励措施。然而,碳税会在一定程度上损害企业的利润,因此政府必须给予补贴,以平衡利润和碳排放。研究结果表明,碳税对定价策略有很大的影响。以旧换新补贴可以鼓励消费者用新产品或再制造产品替换现有产品。再制造补贴和碳税退税都有利于制造商的发展,可以进一步促进再制造的发展。无法直接比较和判断再制造模式还是退税模式更好。补贴越高,对消费者和制造商越有利。反之,如果碳税高,那么相对而言,退税更有效。当碳税相对较高时,有了碳税的优惠,企业利润和消费者剩余将先降后升。因此,在制定合理的碳税之后,碳税优惠在调整方面优于再制造补贴,从而获得制造商更多的支持。因此,作为政策制定者,政府应该引入合理的机制来增加各方的利益。无论哪种补贴方式,企业都应该在再制造成本或碳排放方面具有优势,否则,政府对企业的激励就无足轻重了。因此,企业必须改进再制造技术,从根本上提高再制造优势。

第5章 政府补贴下存在碳税政策的再制造供应链决策

随着二氧化碳排放的增多,环境受到严重威胁。面对环境和舆论的压力,企业和政府积极地采取行动以减少碳排放。其中,政府提出的碳税和补贴政策被广泛地采纳。再制造被认为能够节约制造成本并减少企业运营过程中的碳排放,也越来越多的被企业所接受。然而,由于不同的消费者对再制造产品的支付意愿不同和与新产品的耐久性的差异也会影响消费者对再制造产品的购买意愿。因此,本章考虑了存在差异的消费者支付意愿和产品耐用性,建立了碳税和政府补贴下的以旧换再制造(Trade-Old-for-Remanufactured,TOR)模型。通过对模型的分析,本章得出了在有/无碳税和政府补贴的情况下,制造商(再制造商)的最优定价和生产决策。结果表明,无碳税约束时,提高消费者的支付意愿和调整产品耐用性能够刺激消费者参与 TOR 项目,从而增加企业利润,但是也会造成碳回弹从而增加企业的碳排放量;当有碳税约束时,碳税政策能够抑制企业的碳排放,但是会使企业的利润受到损失。为了企业利润和碳排放量的"双赢",本章提出了政府补贴政策,并进行数值算例表明通过制定合适的碳税和政府补贴政策,可以在降低碳排放的同时增加企业利润。

5.1 背　景

环境污染已成为人类生存和健康的主要威胁,并引发各国人民的普遍担心。科学家们预测,本世纪全球气候的变暖,可能引发洪水、干旱、海平面上升和冰川融化等多种自然灾难(又称厄尔尼诺现象)。碳排放量超限被公认为是全球变暖的主要原因。为降低碳排放量,企业和政府开始寻找降低与其运营相关的碳排放的解决方案,以减少供应链的碳足迹。作为一个典型例子,不列颠哥伦比亚省于 2008 年 7 月 1 日以每吨二氧化碳 10 加元的税率实施了碳税。2014 年 7 月,碳税增加到每吨二氧化碳 25 美元。实证和仿真模型表明,实施的碳税减少了 5％～15％的碳排放量。此外,政府也通过补贴鼓励减排。2009 年 6 月 1 日,中国政府提出了家用电器和汽车的以旧换新 Trade-Old-for-New(TON)的补贴政策。消费者可以获得相关家电价格 10％的置换补贴,以鼓励消费者购买更多节能的新家电或汽车。根据这项政策,补贴总额可达 430 亿美元。为了增加对再制造产品的需求并促进废旧产品的回收利用,一些企业和政府已经开始实施 Trade-Old-for-Remanufactured (TOR),也就是指消费者通过交回已使用的产品(废旧产品)并以置换价格购买再制造产品的过程。TON 是鼓励消费者退还其拥有的旧产品并通过折扣购买新产品。TOR 是鼓励消费者退还使用过的旧产品并通过折扣购买再制造产品。实践中,TOR 被广泛实施。例如,为促进再制造活动和改善环境绩效,中国政府 2013 年宣布了一项关于以旧换再(TOR)的试点计划。随后,10 家汽车制造商及发动机制造商被选为试点企业来实施 TOR 项目[210]。TON 可以促进新产品的需求量,而 TOR 可以促进再制造产品的需求量。此外,再制造产品的价格通常为新产品的 30％～40％[243]。再制造被证明能够节约制造成本和降低碳排放。然而,碳税会在很大程度上增加企业的运营成本,并对企业的利润产生负面的影响[186]。再制造、碳税和补贴政策的实施会影响制造商的生产和运营成本。因此,碳税、补贴、TON 和 TOR 都会广泛影响制造商的生产决策,并有助于降低碳排放。

　　虽然碳限额和碳交易被广泛采用,但是碳税被认为是促进再制造业发展的最稳定的政策,是一种更快、更便宜的减少全球温室气体排放的方式,能带来更多社会福利,对经济增长几乎没有负面影响,可以有效抑制碳排放[171,244-246]。所以需要以碳税而不是碳限额与碳交易作为减排的手段。此外,政府补贴下的以旧换再能够刺激消费者参与 TOR 项目,但可能也会增加碳排放。碳税会增加企业的制造成本,导致产品的批发价格和零售价格增加,从而使得购买新产品和再制造产品的消费者减少,可以减少企业的碳排放,但同时也会使企业的利润受到损失。而政府给消费者补贴可以增加产品销量,能够抵消企业损失的利润。因此,为了增加企业利润和减少碳排放,必须在碳税和政府补贴的背景下研究 TOR。目前,第一,文献主要关注的是 TOR 的定价问题和企业是否应该同时提供 TOR 和 TON 项目,且假设消费者不能区分新产品和再制造产品。第二,对企业碳排放的影响主要是考虑了产品制造过程和运输过程,而本章从一个崭新的角度考虑了消费者对再制造产品的支付意愿和新产品的耐用性对实施 TOR 项目企业碳排放的影响。第三,以往的文献只考虑了给参与 TOR 项目的消费者提供补贴,而本章的差别在于只有存在碳税政策时候,政府才会给参与 TOR 项目的消费者提供补贴;没有碳税政策时,政府不会给参与 TOR 项目的消费者补贴。所以本章考虑的情况更接近实际。在碳税和政府补贴下实施 TOR 项目是否能够降低碳排放的同时增加企业利润这一问题还没有被考虑过。本章的创新点在于对碳税和政府补贴下实施 TOR 项目的最佳策略问题进行研究，以得到合适的政府补贴和碳税范围。

尽管 TOR 项目已被管理者所采纳，但如上所述，TOR 对管理者也提出了很大挑战。因此，本章的目的是解决以下问题：

（1）企业应该在何种环境下实施 TOR 项目？企业最优的定价和生产策略是什么？

（2）碳税政策、政府补贴、消费者对再制造产品的支付意愿和新产品的耐用性如何影响 TOR 项目下企业利润和碳排放量？它们是如何影响环境的？

（3）政府补贴对碳税政策下的 TOR 项目有何影响？政府的最优策略是什么？

综上所述，本章的研究主要有三个方面的贡献。首先，本章提出了一个两阶段模型，在消费者能够区分新产品和再制造产品的情况下，考虑了实施碳税政策下的 TOR 项目对企业碳排放的影响，得到了制造商的最佳生产定价策略和减排方案。其次，本章在消费者对再制造产品的支付意愿和新产品的耐用性不同的情况下考虑碳税政策下的 TOR 项目。结果表明，提高消费者支付意愿和降低产品耐用性都能够刺激消费者参与 TOR 项目，从而增加企业利润，但是也会造成碳回弹从而增加企业的碳排放量。最后，本章考虑了政府补贴对碳税政策下 TOR 项目和消费者剩余的影响，得出了一个既不会使企业利润损失又可以降低碳排放的方案，还通过数值算例得出了最佳政府补贴方案。此外，本章得出政府补贴和碳税政策下的 TOR 项目能够增加消费者剩余。由此，本章为消费者、企业管理者和政府都提出了有益的见解，可以帮助他们在存在碳税政策下的 TOR 项目中获得最大收益。

5.2　模型与假设

本章关键在于研究一家以利润最大化为目标的企业，该企业向市场上出售耐用品，并且受到政府碳税和补贴政策的影响。企业根据消费者对再制造产品的支付意愿和新产品的耐用性决定是否进行制造或者再制造，再根据碳税和政府补贴确定最佳的生产策略，以获得利润最大化同时减少碳排放。根据现有文献，可以做出以下假设。

5.2.1　企业和产品

假设企业可以用原材料生产新产品,也可以用回收的废旧产品生产再制造产品。生产新产品的单位成本 c,生产再制造产品的单位成本为 c_r。新产品的生命周期为两阶段,第一阶段为新产品,第二阶段为旧产品。再制造产品的生命周期为一阶段。该企业在第一阶段以单价 p_{1n} 提供新产品。在第二阶段(如果实施 TOR 项目)以单价 p_{2r} 提供再制造产品。消费者以旧产品换再制造产品获得的折扣为 p_u。为使回收再制造活动有利可图,假设生产新产品的成本高于生产再制造产品的的成本,消费者以旧产品换再制造产品获得的折扣低于生产再制造产品的成本,于是有 $p_u < c_r < c$。政府给参与 TOR 项目的消费者提供的补贴为 s。此外,生产单位新产品产生的碳排放量为 $e_n(e_n > 0)$,生产单位再制造产品产生的碳排放量 $e_r(e_r > 0)$。政府对单位碳排放量征收的税率为 t,因此制造商的单位新产品(再制造产品)的碳排放成本为 $e_n t(e_r t)$。

5.2.2　消费者

第一阶段,市场上潜在消费者的规模为 Φ,消费者之前没有购买过该企业的产品,他们根据从该产品中获得的效用来决定是否购买新产品。在第一阶段购买该企业产品的消费者,在第二阶段有三种选择:(1)购买新产品。然而,这几乎与直接购买新产品的消费者相同,由此认为这部分消费者是第一阶段购买新产品的一部分。(2)以旧产品换再制造产品,即以旧换再项目。(3)继续使用旧产品。为了突出研究重点,这里不考虑其他情况,例如以旧换新和直接购买再制造产品。

新产品给消费者带来的效用为 θ,由于消费者存在异质性,θ 服从 $U(\bar{\theta}, \underline{\theta})$ 均匀分布,其中 $\bar{\theta} = 0, \underline{\theta} = 1$。第二阶段,旧产品给消费者带来的效用为 $\beta\theta$,其中,β 表示新产品的耐用性,反映在第一阶段之后旧产品保留的价值。再制造产品给消费者带来的效用为 $\alpha\theta$,其中 $\alpha(0 < \alpha < 1)$ 表示消费者对再制造产品的支付意愿。

再制造产品对消费者的效用高于旧产品,但低于新产品,因此假设 $0 < \beta < \alpha < 1$,这个假设与以往文献(Souza,2013;Han 等,2017)[247,248] 一致。第一阶段,消费者根据产品效用做出是否购买新产品的决策;第二阶段,消费者决定是否以及如何更换其拥有的产品(继续使用旧产品或参与 TOR 项目)。每个消费

者在每个时候最多只能拥有一种产品。

5.2.3 决策过程

本章主要研究了一个两阶段的制造商、零售商和消费者三者组成的 Stackelberg 博弈模型。制造商根据消费者和零售商的最优反应,确定新产品和再制造产品的批发价格和生产数量;零售商根据制造商和消费者的最优反应,确定新产品和再制造产品的零售价格;消费者根据制造商和零售商的最优反应,作出购买决策。其中消费者的需求等于制造商的生产数量。企业的目的在于最大化第一阶段和第二阶段的总利润。假设第二阶段的折现因子为 $\delta(0<\delta<1)$,为研究稳态均衡,这是开发了多期耐用品模型时常用的参数(Agrawal 和 Thomas,2012;Han 等,2017)[248,249]。表 5.1 给出了具体的参数和所代表的含义。

表 5.1 参数标记

给定参数	
Φ	市场中潜在消费者的规模
θ	消费者对新产品的估价
$\alpha(0<\alpha<1)$	消费者对再制造品的支付意愿
$\beta(0<\beta<\alpha<1)$	新产品的耐用性,反映旧产品在第一阶段后保留的价值
$\delta(0<\delta<1)$	净现值的折扣系数
c	新产品的单位生产成本
c_r	再制造品的单位再制造成本
s	政府给予碳税下以旧换再消费者的补贴
$p_u(p_u<c_r<c)$	以旧换再的折扣
$e_n(e_n>0)$	生产一个新产品的碳排放
$e_r(e_r>0)$	生产一个再制造品的碳排放
$t(0<t<1)$	政府征收的碳税税率
$e_n t(e_r t)$	一个新产品(再制造产品)的碳排放成本
决策变量	
p_{ij}	i 阶段 j 产品的价格($i=1,2;j=n$(新产品),r(再制造品))

续表

q_{ij}	i 阶段 j 产品的的生产数量($i=1,2$;$j=n$(新产品),r(再制造品))
U	消费者购买/使用产品得到的效用
Π	利润函数
上标 $*,t*,ts*$	分别表示无碳税 TOR 方案、有碳税 TOR 方案和有碳税与补贴的 TOR 方案的最佳策略

5.3　模型分析和比较

这里首先分析无碳税的 TOR 方案。目前,已有学者对 TOR 进行了研究(Han等,2017)[248],因此所建立的模型对此进行了参考。这里将无碳税的 TOR 方案作为基准模型并求解出最佳策略,以分辨碳税和政府补贴对企业、社会和环境的影响。其次,通过对有碳税政策的 TOR 方案和有政府补贴和碳税政策的 TOR 方案建模和求解,得出了新产品和再制造产品的最佳价格和生产数量策略。最后,碳税政策和政府补贴下的 TOR 对企业、环境和社会的会带来何种影响是主要研究问题,因此这里基于这两种方案进行了比较,以得到对企业、环境和社会绩效的影响和最优策略。

5.3.1　基准模型:无碳税政策的 TOR 方案

在此,企业在第一阶段和第二阶段提供新产品,在第二阶段提供再制造产品。在第一阶段,当消费者的效用 $U_{1n}=\theta-p_{1n}>0$ 时,消费者将购买新产品。在第二阶段:(1)直接购买新产品几乎与第一阶段直接购买新产品的消费者相同,由此认为这部分消费者是第一阶段购买新产品的一部分。(2)参与 TOR 项目的消费者获得的效用为 $U_{2r}=\alpha\theta-(p_{2r}-p_u)$。(3)继续使用旧产品的消费者获得的效用为 $U_{2u}=\beta\theta$。第二阶段中当 $U_{2r}>U_{2u}>0$ 时,消费者将参与 TOR 项目,否者消费者将继续使用旧产品或者直接购买新产品。因此,无碳税政策下 TOR 项目的消费者细分为图 5.1 所示。

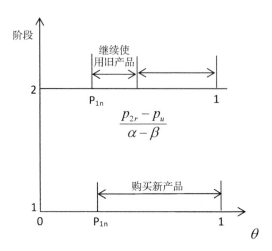

图 5.1　无碳税政策下 TOR 项目的消费者细分

企业目标是最大化第一阶段和第二阶段闭环供应链的总利润,因此建立模型(1):

$$\max_{p_{1n},p_{2r}} \Pi = \varphi \int_{p_{1n}}^{1} (p_{1n}-c)d\theta + \delta\varphi \int_{\frac{p_{2r}-p_u}{\alpha-\beta}}^{1} (p_{2r}-c_r)d\theta$$

$$s.t \begin{cases} \alpha-\beta-(p_{2r}-p_u) \geqslant 0 \\ p_{2r}-p_u-p_{1n}(\alpha-\beta) \geqslant 0 \end{cases}$$

其中,$\varphi \int_{p_{1n}}^{1} (p_{1n}-c)d\theta$ 是第一阶段的利润,$\delta\varphi \int_{\frac{p_{2n}-p_u}{1-\beta}}^{1} (p_{2n}-c)d\theta$ 是第二阶段的利润。约束条件确保了在第二阶段参与 TOR 计划的消费者在第一阶段已经购买了产品,数量是非负的,并且少于第一阶段购买者数量。对模型(1)求解后,可以得到命题 1。

命题 1　在无碳税的 TOR 方案下,根据消费者对再制造产品的支付意愿 α 和新产品的耐用性 β 的不同,企业有三种最佳策略,具体情况如表 5.2 所示。

证明　可以证明当取值 $p_{1n}.$ 和 p_{2r} 时,利润 Π^{nt*} 是严格的凹函数。模型(1)的 Lagrangian 和 Karush-Kuhn-Tucker 最优条件是:

$$\Pi(p_{1n},p_{2r}) = \varphi(1-p_{1n})(p_{1n}-c) + \delta\varphi\left(1-\frac{p_{2r}-p_u}{\alpha-\beta}\right)(p_{2r}-c_r) + \lambda_1$$

$$\left(\frac{p_{2r}-p_u}{\alpha-\beta}-1\right) + \lambda_2\left(\frac{p_{2r}-p_u}{\alpha-\beta}-p_{1n}\right)$$

表 5.2　无碳税的 TOR 方案下的企业最佳价格、生产数量和利润

case	N1	N2	N3
条件	$\beta + c_r - p_u \leq \alpha, \beta \geq \alpha - \dfrac{c_r - p_u}{c}$	$\alpha \leq \beta + c_r - p_u, \beta \geq \alpha - \dfrac{c_r - p_u}{c}$	$\alpha \geq \beta + c_r - p_u, \beta \leq \alpha - \dfrac{c_r - p_u}{c}$
价格	$P_{1n}^{nt*} = \dfrac{1+c}{2}$ $p_{2r}^* = \dfrac{\alpha - \beta + c_r + p_u}{2}$	$P_{1n}^* = \dfrac{1+c}{2}$ $p_{2r}^* = \alpha - \beta + p_u$	$p_{1n}^* = \dfrac{1+c+\delta(\alpha-\beta+c_r-p_u)}{2+2\delta(\alpha-\beta)}$ $p_{2r}^* = \dfrac{(\alpha-\beta)(1+c+\delta(\alpha-\beta+c_r+p_u))+2p_u}{2+2\delta(\alpha-\beta)}$
产量	$q_{1n}^* = \dfrac{1-c}{2}$ $q_{2r}^* = \dfrac{\alpha - \beta - c_r + p_u}{2(\alpha - \beta)}$	$q_{1n}^* = \dfrac{1-c}{2}$ $q_{2r}^* = 0$	$q_{1n}^* = \dfrac{1-c+\delta(\alpha-\beta-c_r+p_u)}{2\delta(\alpha-\beta)+2}$ $q_{2r}^* = \dfrac{1-c+\delta(\alpha-\beta-c_r+p_u)}{2\delta(\alpha-\beta)+2}$
利润	$\Pi^{nt*} = \dfrac{\delta\varphi(\alpha-\beta-c_r+p_u)^2}{4(\alpha-\beta)} + \dfrac{\varphi(1-c)^2}{4}$	$\Pi^{nt*} = \dfrac{\varphi(1-c)^2}{4}$	$\Pi^{nt*} = \dfrac{\varphi(1-c+\delta(\alpha-\beta-c_r+p_u))^2}{4+4\delta(\alpha-\beta)}$
消费者	部分消费者使用旧产品或者购买新产品 部分消费者以旧换再	全部使用旧产品或者购买新产品 没有消费者以旧换再	没有消费者购买新产品或者继续使用旧产品 全部以旧换再

$$\frac{\partial L}{\partial p_{1n}} = \varphi(c - p_{1n}) - \varphi(p_{1n} - 1) \tag{5.1}$$

$$\frac{\partial L}{\partial p_{2r}} = \frac{\delta\varphi(cr - p2r)}{\alpha - \beta} - \frac{\delta\varphi(cr - p2r)}{(\alpha - \beta) - 1} \tag{5.2}$$

$$\lambda_1((p_{2r} - p_u)/(\alpha - \beta) - 1) = 0 \tag{5.3}$$

$$\lambda_2((p_{2r} - p_u)/(\alpha - \beta) - p_{1n}) = 0 \tag{5.4}$$

根据乘数是零还是正,有四种情况。然而,由于$\lambda_1 > 0$且$\lambda_2 > 0$对应于在第2期中没有消费者购买再制造品或使用旧产品的情况,所以它与假设消费者参与以旧换再活动相同。因此,这里将从进一步讨论其他三种情况,结果如下。

Case N1.($\lambda_1 = 0$和$\lambda_2 = 0$)

根据等式(5.1)和(5.2),可以得知:

$$P_{1n}^* = \frac{1+c}{2} \text{和} p_{2r}^* = \frac{\alpha - \beta + c_r + p_u}{2}$$

将其代入模型(1)中的市场需求函数,可以得到:

$$q_{1n}^* = \frac{1-c}{2} \text{和} q_{2r}^* = \frac{\alpha - \beta - c_r + p_u}{2(\alpha - \beta)}$$

由于模型(1)中的约束条件必须是非负的,将p_{1n}^*和p_{2r}^*代入模型(1)的约束条件,求解得到这个方案成立的必要条件是:$\beta + c_r - p_u \leqslant \alpha, \beta \geqslant \alpha - (c_r - p_u)/c$。

Case N2.($\lambda_1 > 0$和$\lambda_2 = 0$)

当$\lambda_1 > 0$时,可以得知:$(p_{2r} - p_u)/(\alpha - \beta) - 1 = 0$ (5.5)

根据等式(5.1)、(5.2)和(5.5),可以得知:

$$P_{1n}^* = \frac{1+c}{2}, p_{2r}^* = \alpha - \beta + p_u \text{和} \lambda_1 = -\frac{\delta\varphi(\alpha - \beta - c_r + p_u)}{\alpha - \beta}$$

把其带入模型(1)中的市场需求函数,可以得到:

$$q_{1n}^* = \frac{1-c}{2}, q_{2r}^* = 0$$

λ_1的值必须是正的,而模型(1)的第二个约束必须是非负的,求解得到这个方案成立的必要条件是:$\alpha \leqslant \beta + c_r - p_u, \beta \geqslant \alpha - (c_r - p_u)/c$。

Case N3.($\lambda_1 = 0$和$\lambda_2 > 0$)

当$\lambda_2 > 0$时,可以得知:$(p_{2r} - p_u)/(\alpha - \beta) - p_{1n} = 0$ (5.6)

根据等式(5.1)、(5.2)和(5.6),可以得知:

$$p_{1n}^* = \frac{1 + c + \delta(\alpha - \beta + c_r - p_u)}{2 + 2\delta(\alpha - \beta)},$$

$$p_{2r}^* = \frac{(\alpha-\beta)(1+c+\delta(\alpha-\beta+c_r+p_u))+2p_u}{2+2\delta(\alpha-\beta)},$$

$$\lambda_2 = -\frac{\delta\varphi(c_r-p_u-c(\alpha-\beta))}{(\alpha-\beta)(\delta(\alpha-\beta)+1)}$$

把其代入模型(1)中的市场需求函数,可以得到:

$$q_{1n}^* = \frac{1-c+\delta(\alpha-\beta-c_r+p_u)}{2\delta(\alpha-\beta)+2}, q_{2r}^* = \frac{1-c+\delta(\alpha-\beta-c_r+p_u)}{2\delta(\alpha-\beta)+2}$$

λ_1 的值必须是正的,而模型(1)的第一个约束必须是非负的,求解得到这个方案成立的必要条件是:$\beta \leqslant \alpha-(c_r-p_u)/c, \alpha \geqslant \beta+c_r-p_u$。将各自的最优解代入目标函数,便可以得到每个方案的最优利润。

命题 1　描述了 TOR 无碳税方案下企业的三种最佳策略。当再制造产品的生产成本和 TOR 的折扣一定时,企业应该匹配消费者对再制造产品的支付意愿和新产品的耐用性来做出最佳决策。在三种 Case 下,第一阶段消费者都购买新产品。到第二阶段,当消费者对再制造产品的支付意愿和新产品的耐用性中等(Case N1)的时候,部分消费者购买新产品,部分消费者以旧产品换再制造产品,还有部分消费者则选择继续使用旧产品。当消费者对再制造产品的支付意愿非常低且新产品的耐用性非常高(Case N2)的时候,部分消费者购买新产品或者继续使用旧产品,但是没有消费者以旧产品换再制造产品。当消费者对再制造产品的支付意愿非常高且新产品的耐用性非常低(Case N3)的时候,没有消费者购买新产品或者继续使用旧产品,这时消费者都以旧产品换再制造产品。这些现象与实际的生活经验一致。这表明,消费者会根据新产品的耐用性做出是否参与 TOR 项目的决策,较低的新产品耐用性会吸引消费者参与 TOR 项目,这个见解与 Han 等(2017)一致[248]。因此企业可以设计合理的新产品耐用性来吸引消费者参与 TOR 项目。

5.3.2　有碳税政策的 TOR 方案

在这一部分加入了碳税政策,考察碳税给企业的最佳策略带来的影响。政府对企业在生产新产品和再制造产品过程中产生的每一单位的碳排放量征收碳税。消费者根据新产品和再制造产品的效用做购买决策,消费者细分与无碳税政策下 TOR 的方案一样。与 5.3.1 中的模型一样,建立如下碳税下企业的最优模型(2)。对模型(2)求解后,可以得到命题 2。

$$\max_{p_{1n}, p_{2r}} \Pi = \varphi \int_{p_{1n}}^{1} (p_{1n}-c)d\theta + \delta\varphi \int_{\frac{p_{2r}-p_u}{\alpha-\beta}}^{1} (p_{2r}-c_r)d\theta - (e_n q_{1n}t + e_r q_{2r}t)$$

$$s.t \begin{cases} \alpha - \beta - (p_{2r} - p_u) \geqslant 0 \\ p_{2r} - p_u - p_{1n}(\alpha - \beta) \geqslant 0 \end{cases}$$

命题 2　在 TOR 存在碳税政策方案下,根据消费者对再制造产品的支付意愿 α 和新产品的耐用性 β 的不同,企业有三种最佳策略,具体情况如表 5.3 所示。

由命题 1 的证明同理可得命题 2 的证明过程。

命题 2 描述了存在碳税政策方案下 TOR 企业的三种最佳策略。存在碳税政策的情况下,当再制造产品的生产成本和 TOR 的折扣一定时,企业的最佳策略不仅与消费者对再制造产品的支付意愿和新产品的耐用性有关,还与碳税政策有关。因为当 Case N2 时没有消费者会参与 TOR 项目,所以企业应该通过匹配消费者对再制造产品的支付意愿和新产品的耐用性做出是否生产再制造产品的决策,然后根据碳税政策确定新产品和再制造产品的最佳价格、生产数量和利润。

5.3.3　有碳税政策和政府补贴的 TOR 方案

在此加入了碳税政策和政府补贴,考察碳税和政府补贴给企业的最佳策略带来的影响。政府对企业在生产新产品和再制造产品过程中产生的每一单位的碳排放量征收碳税,同时政府给在碳税政策下参与 TOR 项目的消费者提供补贴。消费者根据新产品和再制造产品的效用做购买决策,消费者细分与无碳税政策下 TOR 方案的一样。与 5.3.1 部分的模型一样,建立如下碳税和政府补贴下企业的最优模型(3)。对模型(3)求解后,可以得到命题 3。

$$\max_{p_{1n},p_{2r}} \Pi = \varphi \int_{p_{1n}}^{1} (p_{1n} - c)d\theta + \delta\varphi \int_{\frac{p_{2r}-p_u-s}{\alpha-\beta}}^{1} (p_{2r} - c_r)d\theta - (e_n q_{1n} t + e_r q_{2r} t)$$

$$s.t \begin{cases} \alpha - \beta - (p_{2r} - p_u - s) \geqslant 0 \\ p_{2r} - p_u - s - p_{1n}(\alpha - \beta) \geqslant 0 \end{cases}$$

命题 3　在碳税和政府补贴的 TOR 方案下,根据消费者对再制造产品的支付意愿 α 和新产品的耐用性 β 的不同,企业有三种最佳策略,具体情况如表 5.4 所示。

由命题 1 的证明同理可得命题 3 的证明过程。

命题 3 提供了存在碳税政策和政府补贴的 TOR 项目的三种最佳策略,结果与命题 2 类似,当再制造产品的生产成本和 TOR 的折扣一定时,企业的最佳策略不仅与消费者对再制造产品的支付意愿和新产品的耐用性有关,还与碳税政策和政府补贴有关。将在推论 5 具体分析碳税和政府补贴是如何共同对 TOR 项目带来影响。

表 5.3　有碳税的 TOR 方案下的企业最佳价格、生产数量和利润

case	N1	N2	N3
条件	$\beta + c_r - p_u \le \alpha, \beta \ge \alpha - \dfrac{c_r - p_u}{c}$	$\alpha \le \beta + c_r - p_u, \beta \ge \alpha - \dfrac{c_r - p_u}{c}$	$\alpha \ge \beta + c_r - p_u, \beta \le \alpha - \dfrac{c_r - p_u}{c}$
价格	$P_{1n}^{t*} = \dfrac{\varphi(1+c)+e_n t}{2\varphi}$ $p_{2r}^{t*} = \dfrac{\delta\varphi(\alpha-\beta+c_r+p_u)+e_r t}{2\delta\varphi}$	$P_{1n}^{t*} = \dfrac{\varphi(1+c)+e_n t}{2\varphi}$ $p_{2r}^{t*} = \alpha-\beta+p_u$	$p_{1n}^{t*} = \dfrac{\varphi(1+c)+(e_n+e_r)t+\delta\varphi(\alpha-\beta+c_r-p_u)+1}{2\varphi[\delta(\alpha-\beta)+1]}$ $p_{2r}^{t*} = \dfrac{(\varphi(1+c)+(e_n+e_r)t+\delta\varphi(\alpha-\beta+c_r+p_u))(\alpha-\beta)+2\varphi p_u}{2\varphi[\delta(\alpha-\beta)+1]}$
产量	$q_{1n}^{t*} = \dfrac{\varphi(1-c)-e_n t}{2\varphi}$ $q_{2r}^{t*} = \dfrac{\delta\varphi(\alpha-\beta-c_r+p_u)-e_r t}{2\delta\varphi(\alpha-\beta)}$	$q_{1n}^{t*} = \dfrac{\varphi(1-c)-e_n t}{2\varphi}$ $q_{2r}^{t*} = 0$	$q_{1n}^{t*} = \dfrac{\varphi(1-c)-(e_n+e_r)t+\delta\varphi(\alpha-\beta-c_r+p_u)+1}{2\varphi[\delta(\alpha-\beta)+1]}$ $q_{2r}^{t*} = \dfrac{\varphi(1-c)-(e_n+e_r)t+\delta\varphi(\alpha-\beta-c_r+p_u)+1}{2\varphi[\delta(\alpha-\beta)+1]}$
利润	$\Pi^{t*} = \dfrac{(\varphi(1-c))^2-(e_n t)^2}{4\varphi} + \dfrac{[\delta\varphi(\alpha-\beta-c_r+p_u)]^2-(e_r t)^2}{4\delta\varphi(\alpha-\beta)} - \dfrac{[\delta\varphi(\alpha-\beta-c_r+p_u)-e_r t]e_r t}{2\delta\varphi(\alpha-\beta)}$	$\Pi^{t*} = \dfrac{(\varphi(1-c)-e_n t)^2}{4\varphi}$	$\Pi^{t*} = \dfrac{(\varphi(1-c)-(e_n+e_r)t+\delta\varphi(\alpha-\beta-c_r+p_u))^2}{4\varphi(\delta(\alpha-\beta)+1)}$
消费者	部分消费者使用旧产品或者购买新产品 部分消费者以旧换再	全部使用旧产品或者购买新产品 没有消费者以旧换再	没有消费者购买新产品或者继续使用旧产品 全部以旧换再

表 5.4 有碳税和政府补贴的 TOR 方案下企业最佳的价格、生产数量和利润

case	N1	N2	N3
条件	$\beta + c_r - p_u \leq \alpha, \beta \geq \alpha - \dfrac{c_r - p_u}{c}$	$\alpha \leq \beta + c_r - p_u, \beta \geq \alpha - \dfrac{c_r - p_u}{c}$	$\alpha \geq \beta + c_r - p_u, \beta < \alpha - \dfrac{c_r - p_u}{c}$
价格	$P_{1n}^{ts*} = \dfrac{\varphi(1+c) + e_n t}{2\varphi}$ $p_{2r}^{ts*} = \dfrac{\delta\varphi(\alpha - \beta - c_r + p_u + s) + e_n t}{2\delta\varphi}$	$P_{1n}^{ts*} = \dfrac{\varphi(c+1) + e_n t}{2\varphi}$ $p_{2r}^{ts*} = \alpha - \beta + p_u + s$	$p_{1n}^{ts*} = \dfrac{\varphi(1+c) + (e_n + e_r) t + \delta\varphi(\alpha - \beta + c_r - s)}{2\varphi[\delta(\alpha - \beta) + 1]}$ $p_{2r}^{ts*} = \dfrac{\varphi(1+c) + (e_n + e_r) t + \delta\varphi(\alpha - \beta + c_r + p_u + s)(\alpha - \beta) + 2\varphi(p_u + s)}{2\varphi[\delta(\alpha - \beta) + 1]}$
产量	$q_{1n}^{ts*} = \dfrac{\varphi(1-c) - e_n t}{2\varphi}$ $q_{2r}^{ts*} = \dfrac{\delta\varphi(\alpha - \beta - c_r + p_u + s) - e_n t}{2\delta\varphi(\alpha - \beta)}$	$q_{1n}^{ts*} = \dfrac{\varphi(1-c) - e_n t}{2\varphi}$ $q_{2r}^{ts*} = 0$	$q_{1n}^{ts*} = \dfrac{\varphi(1-c) - (e_n + e_r) t + \varphi\delta(\alpha - \beta - c_r + p_u + s)}{2\varphi[\delta(\alpha - \beta) + 1]}$ $q_{2r}^{ts*} = \dfrac{\varphi(1-c) - (e_n + e_r) t + \varphi\delta(\alpha - \beta - c_r + p_u + s)}{2\varphi[\delta(\alpha - \beta) + 1]}$
利润	$\Pi^{ts*} = \dfrac{[\delta\varphi(\alpha - \beta - c_r + p_u + s)]^2 - (e_n t)^2}{4\delta\varphi(\alpha - \beta)} + \dfrac{(\varphi(1-c))^2 - (e_n t)^2}{4\varphi} - \dfrac{[\varphi(1-c) - e_n t] e_n t}{2\varphi} - \dfrac{[\delta\varphi(\alpha - \beta - c_r + p_u + s) - e_n t] e_n t}{2\delta\varphi(\alpha - \beta)}$	$\Pi^{ts*} = \dfrac{(\varphi(1-c) - e_n t)^2}{4\varphi}$	$\Pi^{ts*} = \dfrac{(\varphi(1-c) - (e_n + e_r) t + \delta\varphi(\alpha - \beta - c_r + p_u + s))^2}{4\varphi[\delta(\alpha - \beta) + 1]}$
消费者	部分消费者使用旧产品或者购买新产品 部分消费者以旧换再	全部使用旧产品或者购买新产品 没有消费者以旧换再	没有消费者买新产品或者继续使用旧产品 全部以旧换再

5.3.4　TOR 的折扣、消费者支付意愿和耐用性对企业的影响

推论 1　消费者对再制造产品的支付意愿不是越高越好,新产品的耐用性不是越低越好。

企业在实施 TOR 项目时,只需将消费者对再制造产品的支付意愿提高和新产品的耐用性设计到一定的范围(Case N1)即可。因为当消费者对再制造产品的支付意愿非常高且新产品的耐用性非常低时(Case N3),所有的消费者都只购买再制造品。由于没有消费者购买新产品,所以生产再制造产品的材料会极其短缺,并且所有的消费者都不购买新产品也与实际情况不符。此外,若新产品的耐用性很低则会造成反复用废旧产品生产再制造产品的现象,在无形之中对环境造成破坏。这为企业的生产决策提供了见解,即消费者对再制造产品的支付意愿不是越高越好,新产品的耐用性不是越低越好。

推论 2　当在 Case N1$\left(\beta+c_r-p_u\leqslant\alpha,\beta\geqslant\alpha-\dfrac{c_r-p_u}{c}\right)$的条件下实施 TOR 项目时:(1)再制造产品的生产数量和价格、企业利润都随着消费者对再制造产品的支付意愿的提高而增加。(2)再制造产品的生产数量和价格、企业利润都随着 TOR 的折扣增加而增加。(3)再制造产品的生产数量和价格、企业利润都随着新产品耐用性的降低而增加。

证明　因为$(0<\beta<\alpha<1,p_u<c_r<c)$,根据制造商最佳的再制造产品的价格和生产数量策略,对其求偏导数可以得知:

a)$\dfrac{\partial p_{2r}}{\partial\alpha}=\dfrac{1}{2}>0$,$\dfrac{\partial q_{2r}}{\partial\alpha}=\dfrac{c_r-p_u}{2(\alpha-\beta)^2}>0$,$\dfrac{\partial\pi}{\partial\alpha}=\dfrac{\delta\varphi((\alpha-\beta)^2-(c_r-p_u)^2)}{4(\alpha-\beta)^2}>0$

b)$\dfrac{\partial p_{2r}}{\partial p_u}=\dfrac{1}{2}>0$,$\dfrac{\partial q_{2r}}{\partial p_u}=\dfrac{1}{2(\alpha-\beta)}>0$,$\dfrac{\partial\pi}{\partial p_u}=-\dfrac{\delta\varphi(\alpha-\beta-c_r+p_u)}{2(\alpha-\beta)}>0$

c)$\dfrac{\partial p_{2r}}{\partial\beta}=-\dfrac{1}{2}<0$,$\dfrac{\partial q_{2r}}{\partial\beta}=-\dfrac{c_r-p_u}{2(\alpha-\beta)^2}<0$,$\dfrac{\partial\pi}{\partial\beta}=-\dfrac{\delta\varphi((\alpha-\beta)^2-(c_r-p_u)^2)}{4(\alpha-\beta)^2}<0$

推论 2 中的(1)表明消费者对再制造产品的支付意愿越高,再制造产品的生产数量和最优销售价格、企业利润越高。这是由于对再制造产品支付意愿越高的消费者(例如绿色消费者)越愿意购买再制造产品。因此企业可以增加再制造产品的生产数量,企业还可以适当提高再制造产品的销售价格来增加企业利润。推论 2 中的(2)表明 TOR 的折扣越高,再制造产品的生产数量和最优销售价格、企业利润越高。这是由于增加 TOR 的折扣,可以减少消费者购买再制造产品时候的实际支付金额,以此吸引消费者参与 TOR 项目,因此企业可以提高再

制造产品的生产数量。这时即使企业提高再制造产品的销售价格，但是消费者的实际支付是减少的，所以再制造产品的需求仍然是增加的，所以企业利润也可增加。这个发现为如何促进再制造产品的需求提供了新的见解。推论 2 中的(3)表明，当新产品的耐用性降低时也会吸引消费者参与 TOR 项目，因此再制造产品的生产数量和销售价格、企业利润会增加。以上发现为管理者刺激消费者购买再制造产品提供了见解。具体来说，管理者可以通过提高消费者对再制造品的支付意愿，适当增加 TOR 的折扣，适当降低新产品的耐用性，来刺激消费者对再制造产品的需求。

5.3.5　碳税对企业的影响

推论 3　（1）新产品和再制造产品的价格随着碳税的增加而增加，新产品和再制造产品的生产数量和企业利润都随着碳税的增加而减少。（2）当 $\delta e_n > e_r$ 时，新产品的价格比再制造品的价格对碳税政策更敏感。

证明　根据表 5.3 可以得知存在碳税政策时制造商的最佳新产品和再制造产品的价格和生产数量策略，对其求偏导数可以得知：

a) $\dfrac{\partial p_{1n}^t}{\partial t} = \dfrac{e_n}{2\varphi} > 0,\ \dfrac{\partial p_{2r}^t}{\partial t} = \dfrac{e_r}{2\varphi\delta} > 0,\ \dfrac{\partial q_{1n}^t}{\partial t} = -\dfrac{e_n}{2\varphi} < 0,\ \dfrac{\partial q_{2r}^t}{\partial t} = -\dfrac{e_r}{2\varphi\delta(\alpha-\beta)} < 0$

b) 当 $\delta e_n > e_r$ 时，$\dfrac{\partial p_{1n}^t}{\partial t} - \dfrac{\partial p_{2r}^t}{\partial t} = \dfrac{(\delta e_n - e_r)}{2\varphi\delta} > 0$

推论 3 中的(1)表明，新产品和再制造产品的价格都随着碳税的增加而增加，但是这两种产品的生产数量和企业利润都随着碳税的增加而减少。这是由于政府提出了碳税政策，新产品和再制造产品的制造成本增加，导致制造商提高了新产品和再制造产品的批发价格，所以新产品和再制造产品的价格增加。这将直接导致消费者对新产品和再制造品的需求数量减少。消费者可能开始寻找其他性价比更高的替代产品，因此企业的利润减少。这为企业给新产品和再制造产品的定价提供了一个新的见解，即如果企业将新产品和再制造产品的价格提高得太多，将会失去一部分顾客。所以当存在碳税政策时，企业应当适当承担一些制造成本，以增加新产品和再制造产品的需求数量，来提高企业利润，达到与消费者双赢的局面。推论 3 中的(2)表明，当 $\delta e_n > e_r$ 时，新产品的价格比再制造品的价格对碳税政策更敏感。这是由于生产一个新产品产生的碳排放量比生产一个再制造产品所产生的碳排放量更多，所以新产品价格比再制造产品价格对碳税更敏感。换句话说，也就是新产品的价格比再制造产品的价格增加得更多，造成新产品的需求量减少更多，所以再制造产品的需求量将大于新产品的需求量。这表明制造商应适当减少新产品的生产数量,而增加再制造产品的生产数量。

5.3.6　碳税、消费者支付意愿和耐用性对碳排放量的影响

推论 4　(1)生产新产品和再制造产品产生的碳排放量、企业总的碳排放量都随着碳税的增加而减少。(2)企业总的碳排放量随着消费者对再制造品支付意愿的提高而增加,随着新产品耐用性的降低而增加。

证明　其中 C_{1n}^t 是有碳税时企业生产新产品的碳排放量,C_{2r}^t 是有碳税时企业生产再制造产品的碳排放量,且 $C_{1n}^t = q_{1n}^t e_n$,$C_{2r}^t = q_{2r}^t e_r$。

a) $\dfrac{\partial C_{1n}^t}{\partial t} = -\dfrac{e_n{}^2}{2\varphi} < 0,\ \dfrac{\partial C_{2r}^t}{\partial t} = -\dfrac{e_r{}^2}{2\varphi\delta(\alpha-\beta)} < 0$

b) $\dfrac{\partial q_{2r}^*}{\partial \alpha} = \dfrac{e_r t + \delta\varphi(c_r - p_u)}{2\delta\varphi\,(\alpha-\beta)^2} > 0,\ \dfrac{\partial q_{2r}^*}{\partial \beta} = -\dfrac{e_r t + \delta\varphi(c_r - p_u)}{2\delta\varphi\,(\alpha-\beta)^2} < 0$

推论 4 中的(1)表明生产新产品和再制造产品的碳排放量、企业总的碳排放量都随着碳税的增加而减少。这是由于新产品和再制造产品的价格随着碳税的增加而增加,导致这两种产品的生产数量减少,所以这两种产品的碳排量都减小,企业的总碳排放量也减小;并且推论 3 中的(2)表明碳税导致新产品的价格增加幅度大于再制造产品的价格增加幅度,所以这间接促使消费者选择价格更低的再制造品。因此总的碳排放量比没有提出碳税政策时候的碳排放量减少了,由此有碳税的 TOR 项目的提出为政府降低碳排放量提供了新见解。推论 4 中的(2)表明企业总的碳排放量随着消费者对再制造品支付意愿的提高而增加,随着新产品耐用性的降低而增加。这是由于 TOR 项目确实会减少消费者对新产品的需求量,从而减少企业总的碳排放量。但是如果消费者对再制造产品的支付意愿很高和新产品的耐用性很低,将导致消费者对再制造产品需求增多,会造成碳排放回弹现象。这也表明消费者对再制造产品的支付意愿不是越高越好,新产品的耐用性也不是越低越好,这与推论 1 一致。这一见解表明,再制造品的支付意愿提高和新产品耐用性降低超过一定的范围会增加总的碳排放量。尽管增加再制造品的需求数量会增加制造商的利润,对制造商有利,但是这种改变可能对政府不利,因此应将它们控制在前述范围之内,使碳排放得到降低。

5.3.7　政府补贴对企业的影响

推论 5　再制造产品的价格和生产数量、企业利润、再制造品的碳排放量以

及企业总的碳排放量都随着政府补贴的增加而增加。

证明 其中 C_{2r}^{ts} 表示有政府补贴和碳税政策时候再制造产品的碳排放量，且 $C_{2r}^{ts}=q_{2r}^{ts}e_r$，根据存在碳税政策和政府补贴时制造商的最佳价格和生产数量策略，可以得知：

$$\frac{\partial p_{2r}^{ts}}{\partial s}=\frac{1}{2}>0,\frac{\partial q_{2r}^{ts}}{\partial s}=\frac{1}{2(\alpha-\beta)}>0,\frac{\partial C_{2r}^{ts}}{\partial s}=\frac{e_r}{2(\alpha-\beta)}>0$$

消费者购买再制造产品所需支付的金额随着政府对 TOR 项目补贴的增加而减少，因此增加补贴可以增加消费者对再制造产品的购买欲望，所以再制造产品的需求数量增加。这时即使制造商适当增加再制造产品的销售价格，也不会减少消费者对再制造产品的需求数量，企业随之也可以获得更大利润。但这也会造成新的问题，即再制造产品产生的碳排放量也会随着再制造产品的需求数量的增加而增加，导致企业总的碳排放量也增加。虽然政府提供补贴增加了企业的利润，并且对消费者有利，但可能不利于环境，这与政府提供补贴的最初目的相反，因此应将政府补贴控制在一定范围内。这里通过数值例子来说明最佳的政府补贴方案。此外，从推论 3 可以得知，引入碳税政策可能会对新产品和再制造产品的生产政策产生重大影响，但是从推论 5 得知由于政府对 TOR 项目补贴，再制造产品的需求量得到了补偿，所以有政府补贴和碳税政策的 TOR 项目对新产品的影响相对较大，对再制造产品的影响相对较小。这一见解为企业的生产决策提供了帮助。企业可以考虑减少新产品的产量，适当增加再制造产品的产量。

上述推论描述了新产品和再制造产品的生产数量和销售价格、企业利润以及企业总的碳排放量随着碳税、消费者对再制造产品的支付意愿、新产品的耐用性和政府补贴的变化情况，表 5.5 对这些变量的单调性进行总结。

表 5.5 变量的单调性

变量	新产品生产数量	再制造品生产数量	新产品价格	再制造品价格	企业利润	企业总的碳排放量
碳税↗	↘	↘	↗	↗	↘	↘
消费者对再制造品的支付意愿↗	→	↗	→	↗	↗	↗
新产品的耐用性↘	→	↗	→	↗	↗	↗

续表

变量	新产品生产数量	再制造品生产数量	新产品价格	再制造品价格	企业利润	企业总的碳排放量
政府补贴↗	→	↗	→	↗	↗	↗

5.3.8　碳税对消费者剩余的影响

推论 6　当存在碳税政策时,在直接购买新产品、以旧换再和政府提供补贴的以旧换再三种情况下,消费者剩余是 $CS_{1n}^{t}<CS_{2r}^{t}<CS_{2r}^{ts}$。

消费者剩余是指消费者消费一定数量的某种商品愿意支付的最高价格与这些商品的实际市场价格之间的差额,可以使用下面的公式来表达存在碳税政策时,直接购买新产品、以旧换再和政府提供补贴的以旧换再的消费者剩余:

$$CS_{1n}^{t}=\varphi\int_{p_{1n}^{t}}^{1}(\theta-p_{1n}^{t})d\theta+\delta\varphi\int_{p_{1n}^{t}}^{p_{2r}^{t}}\beta\theta d\theta$$

$$CS_{2r}^{t}=\varphi\int_{p_{1n}^{t}}^{1}(\theta-p_{1n}^{t})d\theta+\delta\varphi\Big(\int_{p_{1n}^{t}}^{p_{2r}^{t}}\beta\theta d\theta+\int_{p_{2r}^{t}}^{1}(\alpha\theta-p_{2r}^{t}+p_{u})d\theta\Big)$$

$$CS_{2r}^{ts}=\varphi\int_{p_{1n}^{t}}^{1}(\theta-p_{1n}^{t})d\theta+\delta\varphi\Big(\int_{p_{1n}^{t}}^{p_{2r}^{t}}\beta\theta d\theta+\int_{p_{2r}^{t}}^{1}(\alpha\theta-p_{2r}^{t}+p_{u}+s)d\theta\Big)$$

推论 6 表明消费者剩余是 $CS_{1n}^{t}<CS_{2r}^{t}<CS_{2r}^{ts}$。当存在碳税政策时,由于 TOR 折扣抵消了再制造产品的部分价格,所以参与 TOR 项目能够增加消费者剩余,并且当政府给 TOR 项目提供补贴时能增大消费者剩余。所以消费者剩余最大的是政府提供补贴的以旧换再,其次是以旧换再,最后是直接购买新产品。可见以旧换再能够增加消费者剩余,有益于消费者。这为存在碳税时消费者做购买决策提供了新见解,消费者应该选择参与 TOR 项目来获得更大的消费者剩余。政府补贴不但可以促进消费者购买再制造产品,也会使消费者剩余增大。

5.4　算例分析

前面提供了 TOR 项目最优策略的理论分析,接下来用数值算例来描述最优策略,其中参数 $\varphi=0.9,c=0.4,c_{r}=0.25,p_{u}=0.02,\delta=0.9,e_{n}=0.4,e_{r}=0.25$ 为固定不变的值,与 Han 等(2017)[248] 和 Miao 等(2016)[185] 的文献一致,

为了能够得到最有意义和最合理的方案，α，β，t，s 是变化的。

5.4.1　消费者对再制造产品的支付意愿

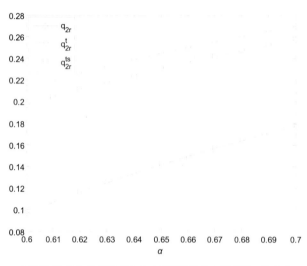

(a)再制造品生产量随消费者对再制造品的支付意愿 α 的变化

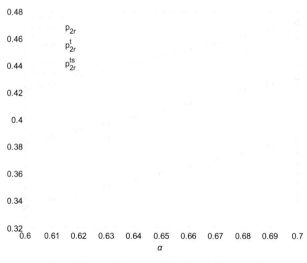

(b)再制造品价格随消费者对再制造品的支付意愿 α 的变化

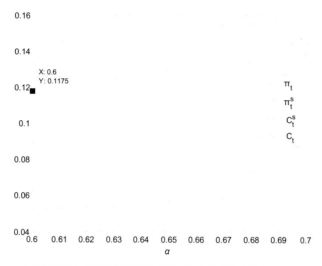

（c）企业的利润和碳排放量随消费者对再制造产品的支付意愿 α 的变化

图 5.2　消费者对再制造品的支付意愿 α 对再制造品生产数量、价格、利润和碳排放量的影响

图 5.2(a) 中，这里设置 $\beta=0.2$，$s=0.08$，$t=0.3$。图 5.2(a) 展示了无碳税政策、存在碳税政策、存在碳税政策和政府补贴三种情景下，再制造产品生产数量都随着消费者对再制造产品的支付意愿的提高而增加，这与推论 2(2) 一致。可见企业可以通过增加消费者对再制造品的支付意愿促进消费者对再制造品的需求。图 5.2(b) 展示了无碳税政策、存在碳税政策、存在碳税政策和政府补贴三种情景下，再制造产品价格都随着消费者对再制造产品支付意愿的提高而增加，这与推论 2(1) 一致。这是因为消费者对再制造产品需求数量增加，所以价格增加。其中 C_t 表示存在碳税时的企业碳排放量，C_t^s 表示存在碳税政策和政府补贴时的企业碳排放量，图 5.2(c) 展示利润和碳排放量随着消费者对再制造品的支付意愿提高而增加，这与推论 2(1) 和 4(2) 一致。且由于政府补贴会使再制造品的需求数量增加，所以提供政府补贴时的碳排放量和利润大于没有政府补贴时候的碳排放量和利润。此外，从图中可以得知，随着消费者对再制造品的支付意愿从 0.6 增大到 0.7，碳排放量从 0.118 增加到 0.138，变化了 0.02，碳排放量受消费者对再制造品的支付意愿的影响程度为 20%，表明碳排放量随着消费者对再制造产品支付意愿的提高而增加。因此，消费者对再制造产品支付意愿不是越高越好。

5.4.2　新产品的耐用性

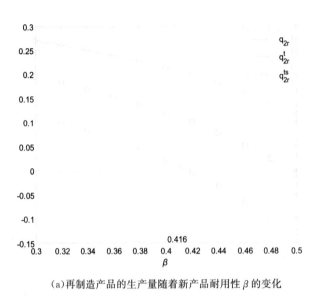

(a)再制造产品的生产量随着新产品耐用性 β 的变化

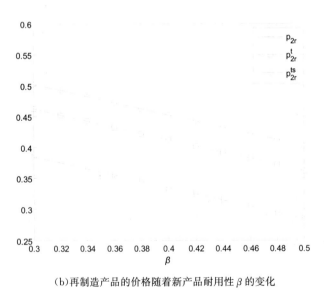

(b)再制造产品的价格随着新产品耐用性 β 的变化

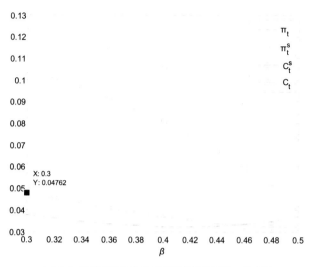

（c）企业的利润和碳排放量随新产品耐用性 β 的变化

图 5.3　新产品耐用性 β 的变化对再制造品生产量、价格、利润、碳排放量的影响

图 5.3(a)，这里设置 $\alpha=0.8$，$s=0.08$，$t=0.5$。图 5.3(a)表明无碳税政策、存在碳税政策、存在碳税政策和政府补贴三种情景下，再制造产品生产数量随着新产品耐用性的降低而增加，这与推论 2(2)一致。当 $\beta>0.416$ 时，存在碳税政策情况下，由于新产品的耐用性较大，且碳税使再制造产品失去成本优势，再制造产品的需求数量为负，可见企业可以通过降低新产品的耐用性可促进消费者对再制造品的需求。图 5.3(b)展示了无碳税政策、存在碳税政策、存在碳税政策和政府补贴三种情景下，再制造产品的价格都随着新产品耐用性 β 的降低而增加，这与推论 2(2)一致。这是因为消费者对再制造产品需求数量增多，所以价格增加。图 5.3(c)展示利润和碳排放量随着消费者对新产品耐用性的降低而增加，这与推论 2(2)和 4(2)一致。由于政府补贴会使再制造品的需求数量增加，所以有政府补贴时的碳排放量和利润大于没有政府补贴时的碳排放量和利润。但是，当新产品的耐用性大于 0.46 的时候，没有政府补贴，消费者不再购买再制造产品，将全部购买新产品，所以没有提供政府补贴的企业利润会大于提供政府补贴的企业利润。此外，可以从图中得知，随着新产品耐用性从 0.5 减小到 0.3，碳排放量从 0.032 增加到 0.047，变化了 0.015，碳排放量受新产品耐用性的影响程度为 7.5%，表明碳排放量随着新产品耐用性的降低而增加。因此，新产品的耐用性不是越低越好。

5.4.3　碳税

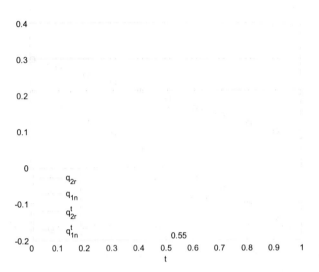

（a）无碳税和存在碳税政策情况下新产品和再制造品生产量随碳税的变化情况

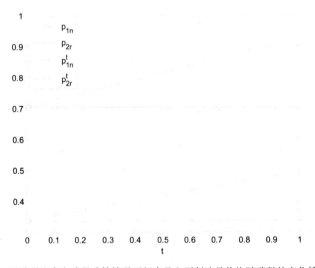

（b）无碳税和存在碳税政策情况下新产品和再制造品价格随碳税的变化情况

图 5.4　碳税的变化对新产品和再制造品生产量、价格的影响

图 5.4(a)中,这里设置 $\beta=0.3,\alpha=0.7$。由图 5.4(a)可知,当无碳税政策时,新产品和再制造产品的生产量并不会随着碳税政策的变化而变化,且新产品的生产量一直大于再制造产品的生产量;但存在碳税政策时,新产品和再制造产品的生产量随着碳税的增加而减少,这与推论 3(1)一致。此外,当 $t>0.55$ 时,再制造品的生产量将会为负,这是因为碳税过大导致再制造品失去价格优势,消费者将不会购买再制造品。这表明碳税具有一定范围限制,应该控制在 $t<0.55$ 这个范围内,以促进再制造产品的需求量。这为政府设计合理的碳税以促进再制造品的需求量提供了一个新见解。由图 5.4(b)可知,新产品的价格总是大于再制造产品的价格,并且当存在碳税政策时,新产品和再制造产品的价格随着碳税的增加而增加,这与推论 3(1)一致。

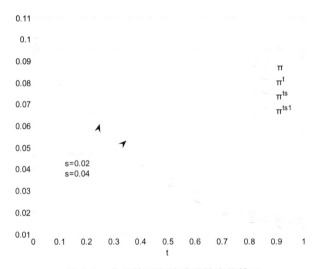

图 5.5　企业的利润随碳税的变化情况

图 5.5 中,这里设置 $\beta=0.3,\alpha=0.7,s=0.02,s_1=0.04$。其中 π 代表无碳税时企业的利润,π^t 代表存在碳税政策时的企业利润,π^{ts} 代表存在碳税政策和政府补贴时的企业利润。通过比较有无碳税政策时的企业利润,可发现碳税政策使企业利润不断减少,制造商的利润受到了损失,这与推论 3(1)一致。但当政府提供补贴时,企业的利润会增加。且当 $t<0.55$ 的时候,有政府补贴时企业的利润大于没有补贴时候的利润;但当 $t>0.55$ 时,此时没有政府补贴但存在碳税政策的再制造品的需求数量为负,购买新产品的消费者增加,所以企业的利润大于有政府补贴和碳税政策时的企业利润。此外,当政府补贴增大的时候($s_1=0.04$),企业的利润也会增大。π^{ts1} 与 π 存在交点,表明政府补贴可以使存在碳

时的利润与没有碳税政策时的利润相等,这说明适当的政府补贴和碳税政策并不会使企业利润减少,这为政府和企业提供了新的见解。即可以通过政府补贴抵消企业利润的损失,这不仅维护了企业利益,也体现了对环境的保护。

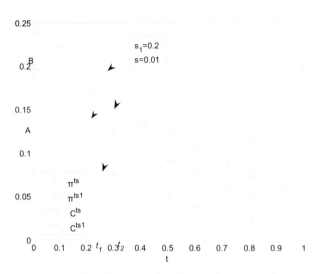

图 5.6　企业的利润和碳排放量随碳税的变化情况

图 5.6 中,这里设置 $\beta=0.2, \alpha=0.8, s=0.01, s_1=0.2$。$C^{ts}$ 代表存在碳税和政府补贴时企业的总碳排放量。图 5.6,表明企业的总碳排量和利润随着碳税的增加而减少,这与推论 4(1)一致。当政府提供补贴时,企业的利润随着政府补贴的增加而增加,但是企业碳排放总量也随着政府补贴的增加而增加。这与政府提供补贴以减少企业碳排放量的最初目的相反,因此有必要设计合理的补贴政策,在不减少企业利润的同时使碳排量减少,达到利益与环境双赢。令人开心的是,通过观察图 5.6 可以得到一个有趣的发现,即加大政府补贴所带来的企业利润增加的积极影响超过了碳排放增多所带来的消极影响。尤其是,当 $t_1<t<t_2$ 时,增加政府补贴($s_1=0.2$)使企业的利润大于碳税为零时的利润,与此同时企业的碳排放量小于碳税为零时的碳排放量,这个发现与 Miao 等(2016)研究的 TON 项目一致[250]。这个有趣的发现表明即使没有外在的激励或压力,政府也有动力为企业提供政府补贴,因为这不仅促进了企业的发展,同时也降低了碳排放,带来了好的环境效益。这也表明设计合理的政府补贴不仅可以增加企业利润而且对环境有益。

5.4.4　政府补贴

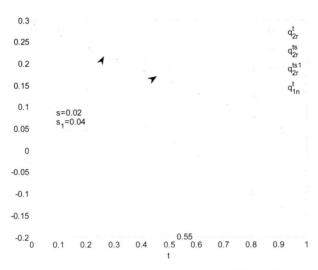

（a）新产品和再制造品需求量随政府补贴和碳税的变化情况

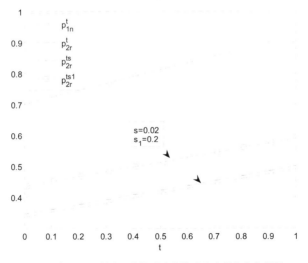

（b）新产品和再制造品价格随政府补贴和碳税的变化情况

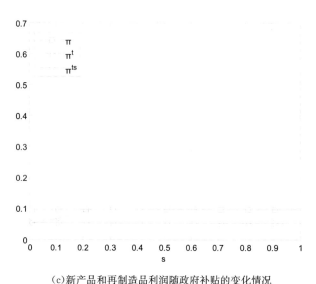

(c)新产品和再制造品利润随政府补贴的变化情况

图 5.7 政府补贴 s 变化对新产品和再制造产品的生产量、价格和利润的影响

图 5.7 中,这里设置 $\beta=0.3$, $\alpha=0.7$, $t=0.3$。如图 5.7(a)所示,与没有政府补贴时相比较,提供政府补贴极大地促进了再制造品的生产数量。$s_1=0.04$ 时的再制造产品数量大于 $s=0.02$ 时的数量,说明再制造产品的生产数量随政府补贴的增加而增加,但是再制造产品的生产数量一直小于存在碳税政策的新产品生产数量,这与推论 5 一致。由于政府补贴抵消碳税带来的额外制造成本,所以再制造产品的数量随着补贴的增加而增加。这为政府提供了一个方法以改善碳税政策造成的再制造产品市场疲软问题。从图 5.7(b)中可以看出,再制造产品的价格随着政府补贴的增加而增加,这与推论 5 一致,表明政府补贴对于企业而言是有利的。图 5.7(c)表明当政府补贴 $s=0.23$ 的时候,提供政府补贴和碳税政策的 TOR 项目与没有碳税政策的 TOR 项目的制造商利润一样。从政府角度出发,最佳的补贴方案是使补贴 $s=0.23$。因为这样不仅维护了制造商的利益,而且促进了再制造品的需求数量,对降低碳排放有积极作用。

5.5 本章小结

受日益突出的环境问题的影响,企业和政府等各界都共同面临节能减排的压力。再制造能够使产品和材料得到再循环和再利用。已有大量学者提出了再制造能够带来企业和环境绩效,但由于消费者对再制造产品的歧视,导致了再制造产品市场的疲软。因此,本章有针对性地提出了一些激励消费者参与 TOR 项目的方法。此外,碳税政策是节能减排的手段之一,本章构建了在碳税政策和政府补贴下执行 TOR 项目的模型,考察了碳税政策和政府补贴下的 TOR 项目对环境、企业和社会绩效的影响。从模型的分析和比较中,得出了一些见解。

(1)对于企业的管理启示方面,并不是所有的企业都适合在碳税政策下实施 TOR 项目。只有当 $\beta + c_r - p_u \leqslant \alpha$, $\beta \geqslant \alpha - (c_r - p_u)/c$ 时,企业才适合在碳税政策下实施 TOR 项目。此外,当企业在碳税政策和政府补贴下实施 TOR 项目时,企业应该通过匹配消费者的支付意愿、产品的耐用性、碳税和政府补贴来确定最佳的产品销售价格和生产策略。(2)不仅提高消费者的支付意愿、降低新产品的耐用性、增加 TOR 的折扣,而且增加政府补贴和碳税对激励消费者参与 TOR 项目都起着至关重要的作用。其中,除了提高碳税会使企业的利润受到损失,剩下的方法都可以增加企业利润。(3)从环境角度看,碳税政策下实施 TOR 项目确实降低了企业的碳排放量。然而,与之相反,消费者对再制造产品的支付意愿的提高、新产品的耐用性的降低和政府补贴的增加都有可能造成碳回弹现象,增加企业的碳排放量。(4)从总体看,虽然碳税政策可能会造成新产品和再制造产品销量的减少,使企业的利润受到损失,但有趣的是,可以通过设计合理的碳税($t_1 < t < t_2$)和政府补贴来抵消负面影响,在这一范围内,既能提高企业的盈利能力,又可以减少企业的碳排放量。这抵消了企业因为碳税造成的利润损失。此外,通过数值例子表明,当政府补贴 $s = 0.23$ 时,制造商利润与没有实行碳税政策时一样。换句话说,制造商的利润没有受到损失。因此,从政府角度出发,最佳的补贴方案是使补贴 $s = 0.23$。

第6章 不同政府激励策略下的再制造供应链决策

政府在再制造闭环供应链的构建和运作中一直扮演着重要的角色。本章在考虑消费者支付意愿存在显著差异,消费者和制造商存在不同政府补贴分配比例下,建立了闭环供应链中的政府、制造商和消费者的两阶段博弈模型。本章在社会总收益最大化的前提下,探讨了政府补贴再制造品对产品价格、产品需求以及对消费者、制造商以及社会收益的影响,通过数值仿真讨论了消费者偏好系数变化的影响。得到结论,政府补贴有利于促进再制造产品的需求,消费者剩余效用、制造商收益以及社会总收益都有增加;政府补贴时应不允许制造商涨价,在考虑制造商积极性的同时尽量将补贴给消费者;应致力于提高消费者的环保意识,使消费者偏好系数持续增大,这是促进再制造产品的生产与消费、提高资源的使用效率、减少环境污染、建设绿色供应链、推进可持续发展战略的根本途径。本章可为政府引导消费者偏好以及制造商的再制造生产决策管理提供指导建议。

6.1 背　景

再制造就是将使用过的产品进行回收、加工,将其等同于新产品在其市场或独立市场进行销售的过程[250]。近年来,理论研究和实践证明都认可生产和销售的再制造产品所带来的经济效益和环保效益,再制造品在降低生产成本、提高资源的使用效率、减少环境污染等方面都显现出独特的优势。20世纪90年代,施乐(Xerox)、福特(Ford)等国际著名企业已积极探索产品的回收与再制造问题,并通过回收再制造获得了丰厚的回报,同时在环保方面也得到了社会的广泛认可。

中国多数企业由于资金、技术等因素的制约,再制造产品的生产标准与规范不明确,以及中国消费者对再制造产品的认知与认可度不高,对购买再制造品的偏好较低,使得再制造产品一直处于市场竞争劣势[251,252]。为此,2005 年,国务院在《国务院关于加快发展循环经济的若干意见》(国发〔2005〕22 号)中明确提出支持发展再制造,并展开了一系列的政策行动;2010 年,工信部制定了《再制造产品认定管理暂行办法》(工信部节〔2010〕303 号),从政策上为推动再制造产业健康有序发展,规范再制造产品生产,引导再制造产品消费做出了努力;2013年,中国政府发布《再制造品"以旧换再"试点实施方案》(发改环资〔2013〕1303号),正式将政府补贴作为推广再制造产品的政策之一。

再制造产业发展的初级阶段,政府在促进产品消费、带动经济增长等方面发挥了重要作用。由于中国消费者普遍对商品价格比较敏感,因此,如果再制造品的价格相对于新产品较低,消费者更倾向于购买再制造品,政府补贴则成为一大有效政策[251]。此时,由于政府与制造商在供应链中存在博弈关系,政府补贴政策的制定成为研究关注的焦点[252-254]。

允许对消费者进行补贴的同时又对制造商进行补贴,是政府补贴对再制造闭环供应链影响研究的进一步拓展。已有文献通常将政府补贴额作为固定常数,以供应链成员收益最大化为目标函数,而本章则以社会效用最大化为目标函数,以求得不同情形下的最优政府补贴额。具体而言,本章是在考虑消费者支付意愿存在显著差异,允许对消费者进行补贴的同时又对制造商进行补贴的情况下,研究供应链中政府与制造商、消费者的三成员两阶段博弈模型。通过与无政府补贴模型进行对比,探讨政府补贴再制造品对消费者、制造商以及整个闭环供应链的影响;在社会总收益最大化前提下,寻求最优政府补贴额以及分别对消费者和制造商进行补贴的最优补贴分配比例。

6.2　模型与假设

从 Ma 等(2013)的研究结论可知,对消费者补贴,会引发产品价格上涨[255];从 Wang 等(2014)的研究结论可知,对制造商补贴,产品价格会适度降低[256]。本章则允许对消费者进行补贴的同时又对制造商进行补贴,考虑此种补贴方式对产品价格的影响,分为涨价和不涨价两种情形进行讨论。模型一(Model N)为无政府补贴模型;模型二(Model S1)为政府补贴下的涨价模型;模型三(Model S2)为政府补贴下不涨价模型。

文中所涉及的参数及其含义如表 6.1 所示。

表 6.1 模型参数与定义

参数	定义
p_n	制造商制定的新产品价格
p_r	制造商制定的再制造品价格
c_n	新产品的生产成本
c_r	再制造品的生产成本
q_n	新产品的市场需求量
q_r	再制造品的市场需求量
δ	消费者偏好系数,即消费者愿意为再制造品支付的价格是愿意为新产品支付的价格的 δ 倍,且 $\delta \in [0,1]$
α_n	消费者对新产品的支付意愿,且 α_n 服从 $[0,1]$ 上的均匀分布,其密度函数为 $f(\alpha_n)$,分布函数为 $F(\alpha_n)$;消费者对再制造品的支付意愿则为 $\delta\alpha_n$
X	政府对再制造品的补贴额
λ	政府补贴给消费者的比例,且 $\lambda \in [0,1]$;当 $\lambda = 0$ 时,表示政府全部补贴给制造商;当 $\lambda = 1$ 时,表示政府全部补贴给消费者
U_n	消费者购买新产品所带来的剩余效用
U_r	消费者购买再制造品所带来的剩余效用
Π_m	制造商收益函数
Π_s	社会总收益函数

在不改变问题本质的条件下,这里对实际问题中的一些复杂情况进行简化,对模型作如下假设。

假设 1 这里研究的是供应链中政府与制造商、消费者的三成员的两阶段博弈,供应链全体成员信息共享,制造商在供应链中处于 Stackelberg 领导者地位。

假设 2 市场为寡头市场,即只有一个制造商,但制造商可以同时生产新产品和再制造产品。市场规模标准化为 1,即一个消费者最多购买一单位新产品或再制造产品。消费者对新产品的支付意愿为 α_n 服从 $[0,1]$ 上的均匀分布,假定其密度函数为 $f(\alpha_n)$,分布函数为 $F(\alpha_n)$;消费者对再制造品的支付意愿为 $\delta\alpha_n$,δ 为消费者偏好系数,即消费者愿意为再制造品支付的价格是愿意为新产品支付的价格的 δ 倍。

假设 3　为促进再制造品的生产与消费,政府只对再制造品进行补贴,政府补贴额为 X。政府既可以补贴给消费者也可以补贴给制造商,还可以同时补贴,λ 为政府补贴给消费者的比例。

假设 4　政府对产品的补贴政策因产品种类等因素而异,补贴额随之变化;这里为简化研究过程,仅假设只有一种新产品和一种再制造品。

假设 5　消费者的剩余效用 U 等于消费者对产品的支付意愿 α_n 减去产品的价格,再加上政府对消费者的补贴 λX,即 $U = \alpha_n - p + \lambda X$。

假设 6　新产品和再制造产品存在替代性,当购买新产品给消费者带来的效用大于再制造品时,消费者选择购买新产品;新产品给消费者带来的效用小于再制造品时,消费者选择购买再制造品,且购买行为的发生会使消费者效用大于零。当 $\alpha_n - p_n = \delta\alpha_n - p_r + \lambda X$ 时,即购买新产品和再制造品给消费者带来的效用水平相同时,则此时的支付意愿 $\alpha_n{}^* = \dfrac{p_n - p_r - \lambda X}{1-\delta}$。

假设 7　社会效用即社会总收益为制造商的收益与消费者剩余效用之和,减去政府对再制造品的补贴。

6.2.1　无政府补贴模型

当 $\alpha_n - p_n = \delta\alpha_n - pr$ 时,购买新产品和再制造品给消费者带来的效用水平是一样的,则此时的支付意愿 $\alpha_n{}^* = \dfrac{p_n - p_r}{1-\delta}$。由此可知,购买新产品和再制造品的消费者剩余效用分别为:

$$Un = \int_{(p_n-p_r)/(1-\delta)}^{1} (\alpha_n - p_n)d\alpha_n$$
$$Ur = \int_{pr/\delta}^{(p_n-p_r)/(1-\delta)} (\delta\alpha_n - p_r)d\alpha_n$$

新产品和再制造产品的市场需求量分别为:

$$q_n = \int_{(p_n-p_r)/(1-\delta)}^{1} f(\alpha_n)d\alpha_n = 1 - \frac{p_n - p_r}{1-\delta} \tag{6.1}$$

$$q_r = \int_{pr/\delta}^{(p_n-p_r)/(1-\delta)} f(\alpha_n)d\alpha_n = \frac{p_n - p_r}{1-\delta} - \frac{p_r}{\delta} \tag{6.2}$$

将式(6.1)和式(6.2)整理可得[222]:

$$p_n = 1 - q_n - \delta q_r$$
$$p_r = \delta(1 - q_n - q_r)$$

制造商的收益函数为:

$$\Pi_m = p_n - c_n q_n + (p_r - c_r) q_r \tag{6.3}$$

社会总收益函数为：

$$\Pi_s = \Pi_m + U_n + U_r$$

6.2.2　政府补贴模型

同理可知，购买新产品和再制造品的消费者剩余效用分别为：

$$Un = \int_{(p_n-p_r+\lambda X)/(1-\delta)}^{1} (\alpha_n - p_n) d\alpha_n \tag{6.4}$$

$$Ur = \int_{(p_r-b\lambda X)/\delta}^{(p_n-p_r+\lambda X)/(1-\delta)} (\delta\alpha_n - p_r + \lambda X) d\alpha_n \tag{6.5}$$

新产品和再制造产品的市场需求量分别为：

$$q_n = \int_{(p_n-p_r+\lambda X)/(1-\delta)}^{1} f(\alpha_n) d\alpha_n = 1 - \frac{p_n - p_r + \lambda X}{1-\delta} \tag{6.6}$$

$$q_r = \int_{(p_r-\lambda X)/\delta}^{(p_n-p_r+\lambda X)/(1-\delta)} f(\alpha_n) d\alpha_n = \frac{p_n - p_r + \lambda X}{1-\delta} - \frac{p_r - \lambda X}{\delta} \tag{6.7}$$

制造商的收益函数为：

$$\Pi_m = p_n - c_n q_n + (p_r - c_r + (1-\lambda)X) q_r \tag{6.8}$$

社会总收益函数为：

$$\Pi_s = \Pi_m + U_n + U_r - q_r X$$

6.3　模型求解

通过逆向归纳法对模型进行求解。

博弈第二阶段：制造商确定新产品与再制造产品的价格。

博弈第一阶段：政府确定对再制造产品的补贴额及分配比例。

6.3.1　无政府补贴(Model N)

将式(6.1)和式(6.2)代入式(6.3)，可得：

$$\max_{p_n, p_r} \Pi_m = p_n - c_n \left(1 - \frac{p_n - p_r}{1-\delta}\right) + (p_r - c_r)\left(\frac{p_n - p_r}{1-\delta} - \frac{p_r}{\delta}\right)$$

制造商收益函数的海森矩阵为：

$$H = \begin{bmatrix} \dfrac{2}{\delta-1} & -\dfrac{2}{\delta-1} \\[2mm] -\dfrac{2}{\delta-1} & \dfrac{2}{\delta(\delta-1)} \end{bmatrix}$$

由于 $Hii<0(i=1,2)$，$H_{11}H_{22}-H_{12}H_{21}>0$，可知其海森矩阵负定，制造商收益函数为严格凹函数，存在 p_n 和 p_r 的最优解。

对 Π_m 分别求 p_n 和 p_r 的一阶偏导数且令其为零，得：

$$p_n{}^* = \frac{c_n+1}{2}$$

$$p_r{}^* = \frac{c_r+\delta}{2}$$

将式(6.4)和式(6.5)分别代入式(6.1)和式(6.2)，可得：

$$q_n{}^* = \frac{c_n-c_r}{2(\delta-1)}+\frac{1}{2}$$

$$q_r{}^* = -\frac{\delta c_n-c_r}{2\delta(\delta-1)}$$

进一步可得出制造商的最优利润、购买新产品和再制造品的消费者剩余效用及社会总收益，分别为：

$$\Pi_m{}^* = \frac{1-c_n}{2}\left(\frac{c_n-c_r}{2(\delta-1)}+\frac{1}{2}\right)-\frac{(c_r-\delta)(c_r-\delta c_n)}{4\delta(\delta-1)}$$

$$U_n{}^* = -\frac{(c_n-c_r+\delta-1)(-c_r-c_n-\delta+2\delta c_n+1)}{8(\delta-1)^2}$$

$$U_r{}^* = \frac{(-c_r+\delta c_n)^2}{8\delta(\delta-1)^2}$$

$$\Pi_S{}^* = -\frac{3\delta c_n{}^2-6\delta c_n c_r+6\delta^2 c_n-6\delta c_n+3c_r{}^2-3\delta^2+3\delta}{8\delta(\delta-1)}$$

观察 $q_r{}^*$ 易得结论 1。

结论 1 无政府补贴时，只有制造商的再制造品的成本 c_r 满足 $c_r \leqslant \delta c_n$ 时，消费者才会购买再制造品。

证明 当 $q_r{}^* = -\dfrac{\delta c_n-c_r}{2\delta(\delta-1)} \geqslant 0$ 时，即 $c_r \leqslant \delta c_n$ 时，再制造品的需求量为正，消费者会产生购买再制造品行为；反之，当 $c_r > \delta c_n$ 时，消费者不会购买再制造品。

现实生活中，在既定消费者偏好系数 δ 下，制造商只有通过降低再制造品的成本，才能促进再制造品的需求，且成本越低，需求量越大。

6.3.2 制造商涨价(Model S1)

只要消费者获得补贴,无论制造商是否获得补贴,制造商都可以对再制造产品涨价。

将式(6.6)和式(6.7)代入式(6.8),可得:

$$\max_{p_n, p_r} \Pi m = p_n - c_n \left(1 - \frac{p_n - p_r + \lambda X}{1 - \delta}\right)$$

$$+ (p_r - c_r + (1-\lambda)X)\left(\frac{p_n - p_r + \lambda X}{1 - \delta} - \frac{p_r - \lambda X}{\delta}\right)$$

同上可知,此式为严格凹函数,存在 p_n 和 p_r 的最优解,对 Π_m 分别求 p_n 和 p_r 的一阶偏导数且令其为零,得:

$$p_{n1}{}^* = \frac{c_n + 1}{2}$$

$$p_{r1}{}^* = \frac{c_r + \delta + (2\lambda - 1)X}{2}$$

将 $p_{n1}{}^*$ 和 $p_{r1}{}^*$ 分别代入 $U_n{}^*$ 和 $U_r{}^*$,可得:

$$q_{n1}{}^* = \frac{c_n - c_r + X}{2(\delta - 1)} + \frac{1}{2}$$

$$q_{r1}{}^* = -\frac{\delta c_n - cr + X}{2\delta(\delta - 1)}$$

进一步可得出制造商的最优利润、购买新产品和再制造品的消费者剩余效用及社会总收益分别为:

$$\Pi_{m1}{}^* = \frac{1 - c_n}{2}\left(\frac{c_n - c_r + X}{2(\delta - 1)} + \frac{1}{2}\right) - \frac{(c_r - \delta - X)(c_r - \delta c_n - X)}{4\delta(\delta - 1)}$$

$$U_{n1}{}^* = -\frac{(c_n - c_r + \delta - 1 + X)(-c_n - c_r - \delta + 2\delta c_n + 1 + X)}{8(\delta - 1)^2}$$

$$U_{r2}{}^* = \frac{(X - c_r + \delta c_n)^2}{8\delta(\delta - 1)^2}$$

$$\Pi_{S1}{}^* = -\frac{3\delta c_n{}^2 - 6\delta c_n c_r + 6\delta^2 c_n - 6\delta c_n + 3c_r{}^2 - 3\delta^2 + 3\delta - X^2 + 2(\delta c_n - c_r)X}{8\delta(\delta - 1)}$$

观察 $q_{r1}{}^*$ 易得结论 2。

结论 2 制造商涨价时,当 $\delta c_n - c_r \geqslant 0$ 时,政府补贴金额 X 可取任意正数;当 $\delta c_n - c_r < 0$,$X \geqslant c_r - \delta c_n$ 时,再制造品的需求量才为正。否则,消费者不会购买再制造品。

由此可以看出，当制造商涨价时，为促进再制造产品的需求，政府补贴额的设定也得注意再制造产品的生产成本 c_r，否则有可能会出现政府进行一定数额的补贴但仍没有效果（消费者仍不购买再制造产品）的情形。

观察 $q_n{}^*$、$q_r{}^*$ 和 $q_{n1}{}^*$、$q_{r1}{}^*$ 易得结论 3。

结论 3　制造商涨价时，当存在政府补贴再制造品时，新产品的需求减少，再制造品的需求增大，且新产品的需求 q_n 随政府补贴金额 X 的增大而减小，再制造品的需求 q_r 随政府补贴金额 X 的增大而增大，政府补贴有利于促进再制造品的消费。

观察 $\Pi_{m1}{}^*$、$U_{n1}{}^*$ 和 $U_{r2}{}^*$ 易得结论 4。

结论 4　制造商的收益、消费者剩余效用与补贴给消费者的比例 λ 无关。制造商的收益与购买再制造品的消费者剩余效用随着政府补贴 X 的增大而增大；购买新产品的消费者剩余效用随着政府补贴 X 的增大而减少。

由结论 2 和进一步分析 $\Pi_{S1}{}^*$ 可得结论 5。

结论 5　制造商涨价时，当 $\delta c_n - c_r \geqslant 0$ 时，政府最优补贴额为 $X_1{}^* = \delta c_n - c_r$，此时无论补贴比例 λ 如何变化，社会总收益最大，且此时社会总收益是一个恒定不变的常数；当 $\delta c_n - c_r < 0$ 时，政府补贴 $X = 0$。

证明　分析 $\Pi_{S1}{}^*$ 可得：

$$\frac{\partial \Pi_{S1}{}^*}{\partial X} = \frac{2}{8\delta(\delta-1)}X - \frac{2(\delta c_n - c_r)}{8\delta(\delta-1)}$$

因为 $\dfrac{\partial^2 \Pi_{S1}{}^*}{\partial X^2} = \dfrac{2}{8\delta(\delta-1)} \leqslant 0$，所以 $\dfrac{\partial^2 \Pi_{S1}{}^*}{\partial X^2}$ 在 $X \in [0, +\infty)$ 上为单调递减函数。当 $\delta c_n - c_r \geqslant 0$ 时，$\dfrac{\partial \Pi_{S1}{}^*}{\partial X}\Big|_{X=0} = -\dfrac{2(\delta c_n - c_r)}{8\delta(\delta-1)} \geqslant 0$，所以存在 $X \geqslant 0$ 的解，最优 $X_1{}^* = \delta c_n - c_r$。将 $X_1{}^*$ 代入式(30)可得：

$$\Pi_{S1}{}^* = -\frac{\delta^2 c_n{}^2 + 3\delta c_n{}^2 - 8\delta c_n c_r + 6\delta^2 c_n - 6\delta c_n + 4c_r{}^2 - 3\delta^2 + 3\delta}{8\delta(\delta-1)}$$

即无论补贴比例 λ 如何变化，政府最优补贴额都为 $X_1{}^* = \delta c_n - c_r$，此时社会总收益最大，并且此时社会总收益是一个恒定不变的常数。当 $\delta c_n - c_r < 0$ 时，$-\dfrac{2(\delta c_n - c_r)}{8\delta(\delta-1)} < 0$，$\dfrac{\partial \Pi_{S1}{}^*}{\partial X}$ 恒小于 0，$\Pi_{S1}{}^*$ 是关于 X 的单调递减函数，所以最优 $X = 0$。又由结论 2 可知，当 $\delta c_n - c_r < 0$，$X \geqslant c_r - \delta c_n$ 时，再制造品的需求量才为正，所以此时消费者不会购买再制造品，也不会存在政府补贴。

由式(6.7)、$p_{r1}{}^*$、$q_{r1}{}^*$ 和 $\Pi_{m1}{}^*$ 可得结论 6。

结论 6　制造商涨价时，固定补贴额 X，无论政府如何改变给消费者补贴的

比例 λ，再制造品的销售量都不会发生变化，制造商会通过涨价方式使自己的收益最大化。

证明 由式(6.7)可知 $\dfrac{\partial q_r}{\partial \lambda} = \dfrac{1}{\delta(1-\delta)} > 0$，因此当政府补贴额 X 不变时，再制造品的需求 q_r 是关于政府补贴给消费者的比例 λ 的单调递增函数，q_r 随 λ 的增大而增大。

而又由 $p_{r1}{}^*$、$q_{r1}{}^*$ 和 $\Pi_{m1}{}^*$ 可知，固定补贴额 X，当政府补贴消费者的比例 $\lambda > \dfrac{1}{2}$ 时，再制造品的价格高于无补贴时的价格，再制造品的需求并不随 λ 发生改变，此价格和需求下的制造商利润最大。即制造商为使自己的收益最大化，会通过涨价方式使再制造品的需求发生改变，维持原有水平，与 λ 无关。

此时表明，当政府进行补贴时，存在制造商道德风险，无论政府怎样提高给消费者补贴的比例，再制造品的销售量都不会发生变化，制造商都会通过涨价方式以抢夺消费者的利益，使自己的收益最大化。

6.3.3 制造商不涨价(Model S2)

只要制造商获得补贴，无论消费者是否获得补贴，则制造商均不涨价，即产品价格不高于不补贴时的价格。

由于制造商不涨价，所以要先确定在消费者没有政府补贴的情况下，制造商对于新产品和再制造产品的定价情况，则有：

$$q_n = \int_{(p_n-p_r)/(1-\delta)}^{1} f(\alpha_n)d\alpha_n = 1 - \frac{p_n - p_r}{1-\delta}$$

$$q_r = \int_{p_r/\delta}^{(p_n-p_r)/(1-\delta)} f(\alpha_n)d\alpha_n = \frac{p_n - p_r}{1-\delta} - \frac{p_r}{\delta}$$

$$\Pi_m = p_n - c_n q_n + (p_r - c_r + (1-\lambda)X)q_r$$

同上可知，Π_m 为严格凹函数，存在 p_n 和 p_r 的最优解，对 Π_m 分别求 p_n 和 p_r 的一阶偏导数且令其为零，得：

$$p_{n2}{}^* = \frac{c_n + 1}{2}$$

$$p_{r2}{}^* = \frac{c_r + \delta + (\lambda - 1)X}{2}$$

将式(6.4)和式(6.5)分别代入式(6.1)和式(6.2)，可得：

$$q_{n2}{}^* = \frac{c_n - c_r + (1+\lambda)X}{2(\delta - 1)} + \frac{1}{2}$$

$$q_{r2}^{*} = -\frac{\delta c_n - c_r + (1+\lambda)X}{2\delta(\delta-1)}$$

将 p_{n2}^{*}、p_{r2}^{*}、q_{n2}^{*} 和 q_{r2}^{*} 分别代入 $\varPi_m^{*}$、U_n^{*}、U_r^{*} 和 $\varPi_S^{*}$，进一步可得出制造商的最优利润、购买新产品和再制造品的消费者剩余效用及社会总收益，分别为：

$$\varPi_{m2}^{*} = \frac{1-c_n}{2}\left(\frac{c_n-c_r+(\lambda-1)X}{2(\delta-1)}+\frac{1}{2}\right) - \frac{(c_r-\delta-(1-\lambda)X)(c_r-\delta c_n-(1+\lambda)X)}{4\delta(\delta-1)}$$

$$U_{n2}^{*} = -\frac{(c_n-c_r+\delta-1+(\lambda+1)X)(-c_n-c_r-\delta+2\delta c_n+1+(1+\lambda)X)}{8(\delta-1)^2}$$

$$U_{r2}^{*} = \frac{((1+\lambda)X-cr+\delta c_n)^2}{8\delta(\delta-1)^2}$$

$$\varPi_{S2}^{*} = -\frac{3\delta c_n^{\,2}-6\delta c_n c_r+6\delta^2 c_n-6\delta c_n+3c_r^{\,2}-3\delta^2+3\delta-(\lambda+1)^2X^2+2(\delta c_n-c_r)(\lambda+1)X}{8\delta(\delta-1)}$$

观察 q_{r2}^{*} 易得结论 7。

结论 7　制造商不涨价时，当 $\delta c_n-c_r \geqslant 0$ 时，再制造品的需求量为正；当 $\delta c_n-c_r < 0$ 时，仅当 $X \geqslant -\dfrac{\delta c_n-c_r}{\lambda+1}$ 时，再制造品的需求量才为正。否则，消费者不会购买再制造品。

证明　当 $\delta c_n-c_r \geqslant 0$ 时，$q_{r2}^{*} \geqslant 0$，再制造品的需求量为正数；而当 $\delta c_n-c_r < 0$ 时，仅当 $X \geqslant -\dfrac{\delta c_n-c_r}{\lambda+1}$ 时，再制造品的需求量才为正数，反之当 $X < -\dfrac{\delta c_n-c_r}{\lambda+1}$ 时，消费者不会购买再制造品。

观察 $\varPi_{m2}^{*}$ 易得结论 8。

结论 8　制造商涨价时，补贴给消费者的比例 λ 越小，制造商收益 $\varPi_{m2}^{*}$ 越大，越有利于提高制造商的积极性。

证明　分析 $\varPi_{m2}^{*}$ 可得：

$$\frac{\partial \varPi_{m2}^{*}}{\partial \lambda} = -\frac{1}{2}X^2\left(\frac{1}{1-\delta}+\frac{1}{\delta}\right)\lambda$$

因为 $\dfrac{\partial \varPi_{m2}^{*}}{\partial \lambda} \leqslant 0$，所以 $\varPi_{m2}^{*}$ 在 $\lambda \in [0,1]$ 上为单调递减函数。因此，补贴给消费者的比例 λ 越小，制造商收益 $\varPi_{m2}^{*}$ 越大。

由结论 7 和进一步分析 $\varPi_{S2}^{*}$ 可得结论 9。

结论 9　制造商不涨价时，当 $\delta c_n-c_r \geqslant 0$ 时，无论 λ 如何变化，都会存在一个最优的补贴额 $X_2^{*} = \dfrac{\delta c_n-c_r}{\lambda+1}$，使得社会总收益最大，并且此时社会总收益是

一个恒定不变的常数；当 $\delta c_n - c_r < 0$ 时，政府补贴 $X = 0$。

证明 分析 Π_{S2}^* 可得：

$$\frac{\partial \Pi_{S2}^*}{\partial X} = \frac{(1+\lambda)^2}{4\delta(\delta-1)} X - \frac{(1+\lambda)(\delta c_n - c_r)}{4\delta(\delta-1)}$$

因为 $\dfrac{\partial^2 \Pi_{S2}^*}{\partial X^2} = \dfrac{X^2}{4\delta(\delta-1)} \leqslant 0$，所以 $\dfrac{\partial \Pi_{S2}^*}{\partial X}$ 在 $X \in [0, +\infty)$ 上为单调递减函数。当 $\delta c_n - c_r \geqslant 0$ 时，$\dfrac{\partial \Pi_{S2}^*}{\partial X}\bigg|_{X=0} = -\dfrac{(1+\lambda)(\delta c_n - c_r)}{4\delta(\delta-1)} \geqslant 0$，所以存在 $X \geqslant 0$ 的解，最优 $X_2^* = \dfrac{\delta c_n - c_r}{\lambda+1}$。将 X_2^* 代入 Π_{S2}^* 可得：

$$\Pi_{S2}^* = -\frac{\delta^2 c_n^2 + 3\delta c_n^2 - 8\delta c_n c_r + 6\delta^2 c_n - 6\delta c_n + 4c_r^2 - 3\delta^2 + 3\delta}{8\delta(\delta-1)}$$

即无论 λ 如何变化，都会存在一个最优的补贴额 X_2^*，使得社会总收益最大，并且此时社会总收益是一个恒定不变的常数。当 $\delta c_n - c_r < 0$ 时，$-\dfrac{(1+\lambda)(\delta c_n - c_r)}{4\delta(\delta-1)} < 0$，$\dfrac{\partial \Pi_{S2}^*}{\partial X}$ 恒小于 0，Π_{S2}^* 是关于 X 的单调递减函数，所以最优 $X = 0$。又由结论 7 可知，当 $\delta c_n - cr < 0$ 时，仅当 $X \geqslant -\dfrac{\delta c_n - c_r}{\lambda+1} \geqslant 0$ 时，再制造品的需求量才为正数，所以此时消费者不会购买再制造品，也不会存在政府补贴。

由结论 9 和进一步分析 Π_{S2}^* 可得结论 10。

结论 10 制造商不涨价时，固定政府补贴额 X，当 $\delta c_n - c_r \geqslant 0$ 且 $X \leqslant \delta c_n - c_r$ 时，最优 $\lambda^* = \dfrac{\delta c_n - c_r}{X} - 1$；当 $\delta c_n - c_r \geqslant 0$ 且 $X > \delta c_n - c_r$ 时，最优 $\lambda^* = 0$。

证明 分析 Π_{S2}^* 可得：

$$\frac{\partial \Pi_{S2}^*}{\partial \lambda} = \frac{X^2}{4\delta(\delta-1)} \lambda + \frac{X(X + c_r - \delta c_n)}{4\delta(\delta-1)}$$

因为 $\dfrac{\partial^2 \Pi_{S2}^*}{\partial \lambda^2} = \dfrac{(\lambda+1)^2}{4\delta(\delta-1)} \leqslant 0$，所以 $\dfrac{\partial^2 \Pi_{S2}^*}{\partial \lambda^2}$ 在 $\lambda \in [0,1]$ 上为单调递减函数。由结论 8 可知，当 $\delta c_n - c_r \geqslant 0$ 时，才存在政府补贴，因此此时 $\delta c_n - c_r$ 恒大于 0。当 $X \leqslant \delta c_n - c_r$ 时，$\dfrac{\partial \Pi_{S2}^*}{\partial \lambda}\bigg|_{\lambda=0} = \dfrac{X(X + c_r - \delta c_n)}{4\delta(\delta-1)} \geqslant 0$，所以存在 $\lambda \geqslant 0$ 的解，最优 $\lambda^* = \dfrac{\delta c_n - c_r}{X} - 1$，且 X 越小 λ^* 越大；当 $X > \delta c_n - c_r$ 时，$\dfrac{X(X + c_r - \delta c_n)}{4\delta(\delta-1)} < 0$，

$\dfrac{\partial \Pi_{S2}{}^*}{\partial \lambda}$ 是关于 λ 的单调递减函数，又因为 $\lambda \in [0,1]$，所以最优 $\lambda^* = 0$，即全部补贴给制造商。

现实情况下，为优化资源配置，政府的补贴额并非无限大，即补贴额往往是有限的。为使社会总收益最大化，政府补贴额越少，则越要优先补贴给消费者。

进一步比较分析结论 5、结论 8 和结论 9 可得到。

结论 11　政府进行补贴时制造商不涨价的决策更优，此时政府应尽量将补贴多补给消费者，同时还应该考虑制造商的积极性。

由结论 5 和结论 9 可知，制造商涨价与制造商不涨价两种情形下的最大社会总收益 $\Pi_S{}^*$ 相同，最优再制造产品的需求量 $q_r{}^*$ 也相等。制造商涨价时，最优政府补贴额 $X_1{}^* = \delta c_n - c_r$，与补贴给消费者的比例 λ 无关；制造商不涨价时，最优政府补贴额 $X_2{}^* = \dfrac{\delta c_n - c_r}{\lambda + 1}$，补贴给消费者的比例 λ 越大；政府补贴额越小，不涨价模型比涨价模型的政府补贴资本利用率高。政府进行补贴时制造商不涨价的决策更优，且 $\lambda = 1$，全部补贴给消费者。而由结论 8 可知，制造商涨价时，最大化社会总收益下补贴给消费者的比例 λ 越小，制造商收益越大，越有利于提高制造商的积极性，但为此需要政府提供更高的补贴额。政府在决策时应尽量将补贴多补给消费者，同时还得考虑制造商的积极性。

邱国斌（2013）和 Ma 等（2015）的研究也证明了结论：无论何种补贴方式，消费者和制造商都能从中获益，且消费者补贴相比更具有优势[257,258]。但这些研究仅比较了全部补贴给消费者或制造商，没有考虑分配比例这一连续变化过程。

6.4　算例分析

当 $\delta c_n - c_r \geqslant 0$ 时，将最优政府补贴额，即 $X_1{}^*$ 和 $X_2{}^*$，分别代入三模型所得的最优解，可见表 6.1。当 $\delta c_n - c_r < 0$ 时，政府补贴额 $X = 0$，三模型的最优解相同，都为无补贴模型的最优解，见表 6.2 的 Model N。

为进一步探讨不同消费者偏好下政府补贴的影响，这里通过 MATLAB（2013a）软件进行数值算例分析。基本参数设置为：新产品的生产成本 $c_n = 0.5$；再制造品的生产成本 $c_r = 0.4$[259]。结果可见图 6.1 至图 6.6。

表 6.2　各模型最优解比较分析

	p_n^*	p_r^*	q_n^*	q_r^*	Π_m^*
Model N	$\dfrac{c_n+1}{2}$	$\dfrac{c_r+\delta}{2}$	$\dfrac{c_n-c_r}{2(\delta-1)}+\dfrac{1}{2}$	$-\dfrac{\delta c_n-c_r}{2\delta(\delta-1)}$	$\dfrac{\delta c_n^2-2\delta c_n c_r+2\delta^2 c_n-2\delta c_n+c_r^2-\delta^2+\delta}{4\delta(\delta-1)}$
Model S1	$\dfrac{c_n+1}{2}$	$\dfrac{c_r+\delta+(2\lambda-1)(\delta c_n-c_r)}{2}$	$\dfrac{(1+\delta)c_n-2c_r}{2(\delta-1)}+\dfrac{1}{2}$	$-\dfrac{\delta c_n-c_r}{\delta(\delta-1)}$	$\dfrac{3\delta c_n^2+8c_n\delta^2-8\delta c_n c_r+2\delta^2 c_n+4c_r^2-\delta^2+\delta}{4\delta(\delta-1)}$
Model S2	$\dfrac{c_n+1}{2}$	$\dfrac{\lambda(\delta c_n+\delta)+2c_r+\delta-\delta c_n}{2(\lambda+1)}$	$\dfrac{(1+\delta)c_n-2c_r}{2(\delta-1)}+\dfrac{1}{2}$	$-\dfrac{\delta c_n-c_r}{\delta(\delta-1)}$	$\dfrac{(-\delta c_n^2+\delta c_n^2+2\delta^2 c_n-2\delta c_n-\delta^2+\delta)\lambda+(3\delta c_n^2+\delta c_n^2-8\delta c_n c_r+2\delta^2 c_n-2\delta c_n+4c_r^2-\delta^2+\delta)}{4\delta(\delta-1)(\lambda+1)}$

	U_n^*	U_r^*	Π_s^*
Model N	$-\dfrac{(c_n-c_r+\delta-1)(-c_n-c_r-\delta+2\delta c_n+1)}{8(\delta-1)^2}$	$\dfrac{(\delta c_n-c_r)^2}{8\delta(\delta-1)^2}$	$\dfrac{3\delta c_n^2-6\delta c_n c_r+6\delta^2 c_n-6\delta c_n+3c_r^2-3\delta^2+3\delta}{8\delta(\delta-1)}$
Model S1	$-\dfrac{(c_n-c_r+\delta-1+\delta c_n-c_r)(-c_n-c_r-\delta+2\delta c_n+1+\delta c_n-c_r)}{8(\delta-1)^2}$	$\dfrac{(\delta c_n-c_r)^2}{2\delta(\delta-1)^2}$	$\dfrac{\delta^2 c_n^2+3\delta c_n^2-8\delta c_n c_r+6\delta^2 c_n-6\delta c_n+4c_r^2-3\delta^2+3\delta}{8\delta(\delta-1)}$
Model S2	$-\dfrac{(c_n-c_r+\delta-1+\delta c_n-c_r)(-c_n-c_r-\delta+2\delta c_n+1+\delta c_n-c_r)}{8(\delta-1)^2}$	$\dfrac{(\delta c_n-c_r)^2}{2\delta(\delta-1)^2}$	$\dfrac{\delta^2 c_n^2+3\delta c_n^2-8\delta c_n c_r+6\delta^2 c_n-6\delta c_n+4c_r^2-3\delta^2+3\delta}{8\delta(\delta-1)}$

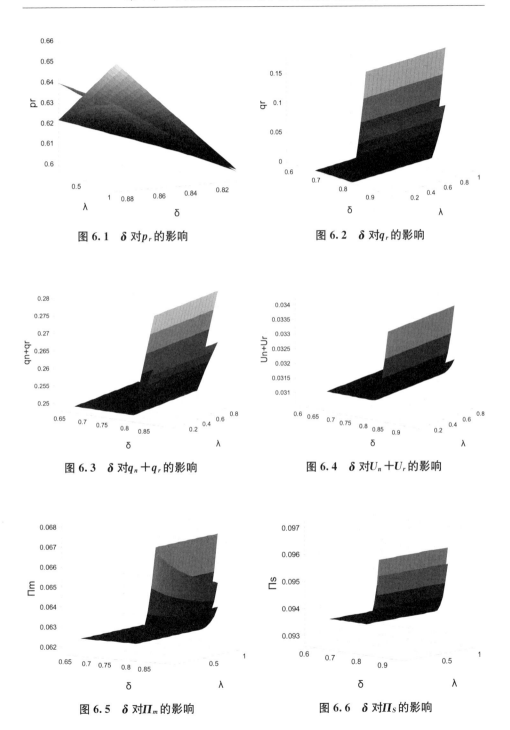

图 6.1 δ 对p_r的影响

图 6.2 δ 对q_r的影响

图 6.3 δ 对q_n+q_r的影响

图 6.4 δ 对U_n+U_r的影响

图 6.5 δ 对Π_m的影响

图 6.6 δ 对Π_s的影响

由表 6.2 和图 6.1 可知,随着消费者偏好系数 δ 的增大,新产品的价格不变,再制造产品的价格随之增大。涨价和不涨价时,再制造产品的价格随 λ 的增大而增大。允许涨价时,当 $\lambda > \dfrac{1}{2}$ 时,再制造品的价格增长速度比无政府补贴时的速度高,价格也比无政府补贴时的价高;反之,$\lambda < \dfrac{1}{2}$ 时,再制造品的价格增长速度比无政府补贴时的速度慢,价格也比无政府补贴时的价低。不涨价时,无论 λ 如何变化,再制造产品的价格增长速度比无政府补贴时的速度慢,价格都比无政府补贴时的低。

由表 6.2 和图 6.2、图 6.3 可知,随着消费者偏好系数 δ 的增大,新产品的需求 q_n 减少,再制造产品的需求 q_r 增大,市场总需求 $q_n + q_r$ 增大,都与 λ 无关,即与补贴分配比例无关。并且,涨价和不涨价两种情况下的产品需求变化速度一样,都比无政府补贴时的增长速度更快。

由表 6.2 和图 6.4 可知,涨价与不涨价情形下的消费者购买新产品和再制造产品的剩余效用相同,随着消费者偏好系数 δ 的增大,购买新产品的消费者剩余效用 U_n 减少,购买再制造品的消费者剩余效用 U_r 增多,总消费者剩余效用 $U_n + U_r$ 增多,都比无补贴时的效用变化快。

由表 6.2 和图 6.5 可知,随着消费者偏好系数 δ 的增大,制造商的收益增大。涨价时,制造商的收益与 λ 无关;不涨价时,随着分配给消费者的比例 λ 的增大,制造商的收益减少。涨价时的制造商收益要大于不涨价时的制造商收益。仅当 $\lambda = 0$ 时,不涨价时的制造商收益等于允许涨价时的制造商收益。

由表 6.2 和图 6.6 可知,随着消费者偏好系数 δ 的增大,社会总收益增大,并且涨价和不涨价两种情况下社会总收益变化的速度一样,都比无政府补贴时的增长速度更快。

消费者偏好系数 δ 越大,意味着消费者愿意为再制造品支付的价格越高,也表明消费者对再制造产品认识的提高,以及对环保意识的提高。此时,市场上的企业都会受益,表现为制造商收益 Π_m 的增大,再制造品更受消费者的认可和欢迎,再制造品的市场份额增加,总需求量也得以增加;消费者也受益,表现为剩余效用的增大;社会总收益也随之增大。朱庆华和窦一杰(2011)研究也发现,当消费者环保意识提升而使高绿色度产品边际生产成本降低时,政府可以考虑提高补贴下限[5]。即此时政府无需过多地补贴,消费者偏好系数 δ 的增大可以使供应链各成员受益。

综上所述,随着消费者环保意识的不断提升,消费者偏好系数持续增大。此时,新产品的价格不变,再制造产品的价格增高,但再制造产品的需求会增加,新产品的需求减少,而市场总需求增加;对于制造商而言,无论如何补贴,制造商的收益都会增加,存在政府补贴时的制造商收益总比无政府补贴时的大,而涨价时的制造商收益比不涨价时的制造商收益要大;仅当 $\lambda = 0$ 时,不涨价时的制造商收益与涨价时的制造商收益相等;对消费者而言,消费者的剩余效用增大;最终,社会总收益不断增大。

6.5　本章小结

本章引入消费者对新产品和再制造产品支付意愿的差异,允许对消费者进行补贴的同时又对制造商进行补贴,对政府补贴对再制造闭环供应链的影响研究进行了拓展,建立了供应链中政府与制造商、消费者的两阶段博弈模型。已有文献通常将政府补贴额作为固定常数,以供应链成员收益最大化为目标函数,而本章则以社会效用最大化为目标函数。通过与无政府补贴模型进行对比分析,求得最优政府补贴额以及分别对消费者和制造商进行补贴的最优补贴分配比例,探讨了政府补贴再制造品对消费者、制造商以及整个闭环供应链的影响。

通过政府补贴,再制造产品的需求增加,消费者剩余效用、制造商收益以及社会总收益都增加,不同的政府补贴额以及分配比例对产品的价格、需求以及供应链各成员的利益有不同的影响。

制造商涨价与制造商不涨价两种情形下的最大社会总收益相同。制造商涨价时,最优政府补贴额 $X_1{}^* = \delta c_n - c_r$,与补贴给消费者的比例 λ 无关;制造商不涨价时,最优政府补贴额 $X_2{}^* = \dfrac{\delta c_n - c_r}{\lambda + 1}$,补贴给消费者的比例 λ 越大,政府补贴额越小,不涨价模型比涨价模型的政府补贴资本利用率高。政府进行补贴时制造商不涨价决策更优,此时政府应尽量将补贴多补给消费者。当补贴额有限时,为使社会总收益最大化,政府补贴额越少,则越要优先补贴给消费者。

制造商不涨价时,最大化社会总收益下补贴给消费者的比例 λ 越小,制造商收益越大,越有益于提高制造商的积极性,但为此要政府提供更高的补贴额。政府在决策时不能仅以政府补贴资本利用率为依据,还应该考虑制造商的积极性。

随消费者偏好系数 δ 的增加,再制造产品的价格增加,再制造产品的需求增加,制造商收益、消费剩余效用和社会总收益都增加。政府要努力提高消费者的环保意识,从而使消费者偏好系数持续增大,这是促进再制造产品的生产与消费、提高资源的使用效率、减少环境污染、建设绿色供应链、推进可持续发展战略的根本途径。

第7章 总 结

再制造是实现可持续发展,提高企业综合业绩的重要途径。本书综合运用博弈论、供应链管理理论、消费者偏好等相关理论和方法,从政府对再制造产业的激励策略角度出发,分析了闭环供应链成员的策略选择,探讨了政府补贴激励策略对再制造供应链的回收价格、产品价格、产品需求以及对消费者、制造商以及社会收益的影响。

本书的主要结论如下:

第2章对无政府激励机制下的再制造供应链回收与再制造决策展开了研究。本章拟通过考虑再制造产品价格对消费者支付意愿的影响,构建一个由原始设备制造商和再制造商组成的传统渠道模型,探索闭环供应链回收、生产创新模式,寻求其成员在分散决策下和集中决策下的再制造供应链各环节的优化策略。研究发现:集中化决策模型下的制造商和再制造商总利润高于分散化决策模型的总利润,不管再制造产品生产成本多低,整体供应链都会生产新产品。但当生产再制造产品的边际利润太低,整体供应链将不生产再制造产品;当生产再制造产品的边际利润适中,整体供应链会同时生产新产品和再制造产品,并且再制造产品生产量随着再制造产品的生产成本降低而上升。当制造商和再制造商利益不一致时,即分散决策模型时,在不同销售成本和再制造成本下有8个不同的决策区间,不同的区间会产生不同的决策行为。

第3章考虑政府回收补贴下具有回收竞争的再制造供应链决策。本章考虑政府对再制造活动进行补贴、消费者对不同企业的新再产品具有不同支付意愿以及回收竞争。对本地与外地制造商是否从事再制造所形成的四种市场情况建立模型,分析这四种情形下外地和本地企业从事再制造活动的条件,计算出四种情形下各厂商的产品最优产量。并通过算例分析对四种情形的结果进行了进一步的比较,分析政府再制造补贴以及回收竞争程度对企业的影响。结果表明:企业进入再制造需满足一定的条件,且政府补贴能够放宽该条件,促进再制造活动。消费者对再制造产品的接受程度以及政府补贴、回收竞争程度对最优结果皆有影响,且消费者对再制造产品接受程度较高时,从事再制造总是有利可图的。竞争会使企业利益受损,但适当的竞争能够提高供应链总利润和再制造产量,且消费者对竞争企业间的再制造产品接受程度相差较大或者回收竞争程度过于激烈时,供应链总利润反而会下降。

第 4 章考虑再制造补贴与碳税退税再制造供应链决策。以政府希望促进对环境有害的废旧产品的回收与再制造为背景,研究了政府再制造补贴和碳税退税两种补贴机制下的最优定价与生产决策问题。研究结果表明,碳税对定价策略有很大的影响;以旧换新补贴可以鼓励消费者用再制造产品或新产品替代现有产品。再制造补贴和碳税退税都有利于制造商可以进一步促进再制造的发展。另外,经过数值仿真分析,发现碳税税率的提高可以增加社会福利、减少碳排放,但会损害企业利益与消费者剩余,因此政府必须给予补贴,以平衡利润和碳排放。

第 5 章考虑政府补贴下存在碳税政策的再制造供应链决策。本章考虑了存在消费者支付意愿差异和产品耐用性差异,建立了存在碳税和政府补贴下的以旧换再再制造供应链模型。通过对模型的分析,这里得出了在有/无碳税和政府补贴的情况下,制造商(再制造商)的最优定价和生产决策。结果表明:无碳税约束时,提高消费者的支付意愿和调整产品耐用性能够刺激消费者参与“以旧换再”项目,从而增加企业利润,但是也会造成碳回弹从而增加企业的碳排放量;当有碳税约束时,碳税政策能够抑制企业的碳排放,但是会使企业的利润受到损失。为了企业利润和碳排放量的“双赢”,本章提出了政府补贴政策,并进行数值算例表明通过制定合适的碳税和政府补贴政策,可以在降低碳排放的同时增加企业利润。

第 6 章探索了不同政府激励策略下的再制造供应链决策。本章在考虑消费者支付意愿存在显著差异,消费者和制造商存在不同政府补贴分配比例下,建立了闭环供应链中的政府、制造商和消费者的两阶段博弈模型。本章在社会总收益最大化的前提下,探讨了政府补贴再制造品对产品价格、产品需求以及对消费者、制造商以及社会收益的影响,通过数值仿真讨论了消费者偏好系数变化的影响。得到结论:政府补贴有利于促进再制造产品的需求,消费者剩余效用、制造商收益以及社会总收益都增加;政府补贴时应不允许制造商涨价,在考虑到制造商的积极性下尽量将补贴给消费者;应致力于提高消费者环保意识,使消费者偏好系数持续增大,这是促进再制造产品的生产与消费、提高资源的使用效率、减少环境污染、建设绿色供应链、推进可持续发展战略的根本途径。

本书的一些未来可研究方向如下:

(1)本书第 2 章假设价格因素影响消费者效用,未来可以考虑其他影响因素,例如政府补贴、回收产品的质量、新再产品的质量与设计或者服务水平对制造商和再制造商竞争与合作关系的影响。考虑制造商的新产品和再制造产品只通过电子渠道销售,其决策结果不能有效应对传统渠道的冲突。

(2)本书第 3 章研究的是固定生产成本的企业,如果成本是关于再制造技术的函数,结果会不一样。此外,这里研究单一周期,因此企业回收数量是无限制的,故可以进一步扩展为两个周期或多个周期,因此企业回收数量就会成为有限的,回收数量函数也会发生变化。最后,还可以讨论多个本地制造商和多个外地再制造商进行竞争的情形,市场将如何进行演化。

(3)本书第 4 章将政府补贴固定化,而未来的研究可以以社会福利最大化为目标,探讨政府如何分配补贴以实现社会福利最大化。本章只考虑了一个时期,没有考虑救助对下一个时期再制造的影响。因此,未来的研究可以研究多个周期和动力学。本章论述了政府实施的以旧换新、碳排放管制、再制造补贴和退税等相关政策。然而,在当前的市场经济中,企业更倾向于拥有自主选择权和决策权。因此,未来的研究可以涉及自主实施某些实践的企业,如启动以旧换新计划或其他有效补贴。

(4)本书第 5 章假设认为新产品和再制造产品的生产是独立的,而在实践中可能是相互关联的,所以未来研究中有必要放宽假设。实际生活中,回收的每一件产品的质量都是不一样的,所以未来研究可以将产品质量差异考虑进来。本章只关注了碳税问题,未来可以探索碳足迹、碳交易和碳限额问题,并且可以将提高公众的意识和改进再制造的技术考虑进来,以此得到最佳的减排方案。现实生活中会存在外来制造商和本地制造商竞争的情况,因此在竞争环境下考虑存在碳税政策的 TOR 项目是非常有必要的。本章没有考虑谁是回收主体,但在未来的研究中可以考虑零售商/制造商/第三方是回收的领导者,从而在碳税政策下最大化 TOR 闭环供应链的整体利润。当存在两个零售商时,他们是竞争还是合作背景下实施 TOR,供应链的整体利润会更大? 这也是有趣又值得考虑的问题。

(5)本书第 6 章在不改变问题本质的条件下,对实际问题中的一些复杂情况进行简化,对模型做出了相关假设,如假定博弈各方信息共享,而现实情况中的信息不对称则是模型今后的改进方向;模型中令消费者对新产品的支付意愿为 α_n 服从 $[0,1]$ 上的均匀分布,实际上很可能服从其他分布,这也值得今后一步探讨。本章假定新产品和再制造产品为同一制造商,那么存在不同制造商,或拥有第三方授权的再制造情形也是将来的研究方向。另外,目前中国政府对新能源汽车等许多产品也正进行补贴推广,本章对再制造产品的补贴研究如何延申到其他补贴领域,也是将来可以探讨的方向。

参考文献

［1］Wei S, Cheng D, Sundin E, et al. Motives and barriers of the remanufacturing industry in China. Journal of Cleaner Production, 4(2): 340-351.

［2］Gao Y, Yang X. Study of profit coordination of remanufacturing closed-up supply chain based on WTP differentiation. Application Research of Computers, 2014, 31(2): 388-391.

［3］Li J. The potential for cannibalization of new products sales by remanufactured products. Decision Sciences, 2010, 41(3): 547-572.

［4］Michaud C, Llerena D. An economic perspective on remanufactured products: industrial and consumption challenges for life cycle engineering. In: 13th CIRP International Conference on Life Cycle Engineering. Leuven, 2006: 543-548.

［5］朱庆华, 窦一杰. 绿色供应链中政府与核心企业进化博弈模型. 系统工程理论与实践, 2007, 27(12): 85-89.

［6］Pietro D G, Georges Z. A two-period game of a closed-loop supply chain. European Journal of Operational Research, 2014, 232(1): 22-40.

［7］Ferrer G, Swaminathan J M. Managing New and Remanufactured Products. Management Science, 2006, 52: 15-26.

［8］Savaskan R C, Bhattacharya S, VanWassenhove L N. Closed-Loop Supply Chain Models with Product Remanufacturing. Management Science, 2004, 50: 239-252.

［9］Xiong Y, Zhou Y, Li G, Chan H K, Xiong Z K. Don't Forget Your Supplier When Remanufacturing. European Journal of Operational Research 2013, 230: 15-25.

［10］张建军, 霍佳震, 张艳霞. 基于价格博弈的闭环供应链协调策略设计[J]. 管理工程学报, 2009, 23(02): 119-124＋110.

［11］Zhou Y, Xiong Y, Li G, Xiong Z, Beck M. The Bright Side of Manufacturing-remanufacturing Conflict in a Decentralised Closed-loop Supply Chain. International Journal of Production Economics, 2013, 51: 2639-2651.

［12］Chung S L, Wee H M, Yang P C. Optimal Policy for a Closed-loop Supply Chain Inventory System with Remanufacturing. Mathematical and Computer Modelling, 2008, 48: 867-881.

［13］Georgiadis P, Athanasiou E. Flexible Long-term Capacity Planning in Closed-loop Supply Chains with Remanufacturing. European Journal of Operational Research 2013, 225: 44-58.

［14］Georgiadis P, Vlachos D, Tagaras G. The Impact of Product Lifecycle on Capacity Planning of Closed-Loop Supply Chains with Remanufacturing.Production and Operations Management,2006,15:514-527.

[15] Tagaras G,Zikopoulos C.Optimal Location and Value of Timely Sorting of Used Items in a Remanufacturing Supply Chain with Multiple Collection Sites.International Journal of Production Economics,2008,115:424-432.

[16] Vlachos D,Georgiadis P,Iakovou E. A System Dynamics Model for Dynamic Capacity Planning of Remanufacturing in Closed-loop Supply Chains.Computers and Operations Research,2007,34:367-394.

[17] Ferrer G.The economics of tire remanufacturing.Resources Conservation and Recycling,1997,19(4):221-255.

[18] Debo L G,Toktay L B,Wassenhove L N V.Market segmentation and product technology selection for remanufacturable products.Management Science,2005,51(8):1193-1205.

[19] Bayindir Z P,Erkip N,Gullu R.Assessingthe benefits of remanufacturing option under one-way substitution and capacity constraint.Computers and Operations Research,2007,34(2):487-514.

[20] Heese H S,Cattani K,Ferrer G,Gilland W,Roth A V.Competitive Advantage through Take-Back of Used Products. European Journal of Operational Research 2005,164:143-157.

[21] Ferguson M E,Toktay L B.The Effect of Competition on Recovery Strategies.Production and Operations Management,2006,15:351-368.

[22] Ferrer G,Swaminathan J M.Managing New and Remanufactured Products.Management Science,2006,52:15-26.

[23] Tripathi V,Weilerstein K,Mclella L.Marketing Essentials:What Printer OEMs Must Do to Compete against Low-Cost Remanufactured Supplies;Gartner Inc.:Stamford,CT,USA,2009.

[24] Wang K,Xiong Y.Remanufacturer-manufacturer Collaborative Model in the Same Channel under Three Channel Power Structures.Key Eng.Mater.2014,572:699-702.

[25] Wang K,Xiong Z K,Xiong Y,Yan W.Remanufacturer-Manufacturer Collaboration in a Supply Chain:The Manufacturer Plays the Leader Role.Asia-Pacific Journal of Operational Research,2015,32:1550040-1-1550040-17.

[26] Heese H S,Cattani K,Ferrer G,et al.Competitive advantage through take-back of used products.European Journal of Operational Research,2005,164(1):143-157.

[27] Hauser W M,Lund R T.Remanufacturing:operating practices and strategies.Boston,MA:Boston University,2008.

[28] Atasu A,Sarvary M,Van Wassenhove L N.Remanufacturing as a marketing strategy.Management science,2008,54(10):1731-1746.

[29] Wu C H.Strategic and operational decisions under sales competition and collection compe-

tition for end-of-use products in remanufacturing.International Journal of Production Economics,2015,169(1):11-20.

[30] 高举红,滕金辉,侯丽婷,等.需求不确定下考虑竞争的闭环供应链定价研究.系统工程学报,2017,32(1):78-88.

[31] Karakayali I,Emir-Farinas H,Akcali E.An analysis of decentralized collection and processing of end-of-life products.Journal of Operations Management,2007,25(6):1161-1183.

[32] Srivastava S K.Green supply chain management:a state literature review.International-Journal of Management Reviews,2007,9(1):53-80.

[33] Atasu A,Sarvary M,Van Wassenhove L N.Remanufacturing as a marketing strategy. Management science,2008,54(10):1731-1746.

[34] Guide J,Van Wassenhove L N.The evolution of closed-loop supply chain research.Operations Research,2009,57 (1):10-18.

[35] Jayant A,Gupta P,Garg S K.Reverse logistics:perspectives,empirical studies and research directions.International Journal of Industrial Engineering,2012,19 (10):369-388.

[36] Chen J M,Chang C I.Dynamic pricing for new and remanufactured products in a closed-loop supply chain.International Journal of Production Economics,2013,146:153-160.

[37] Amin S H,Zhang G.A three-stage model for closed-loop supply chain configuration under uncertainty.International Journal of Production Research,2013,51 (5):1405-1425.

[38] Choi T M, Li Y, Xu, L. Channel leadership, performance and coordination inclosed loop supply chains.International Journal of Production Economics,2013,146:371-380.

[39] Khalili K, Tavana M, Najmodin M. Reverse logistics and supply chains:a structural equation modeling investigation.International Journal of Industrial Engineering:Theory, Applications and Practice,2015,22 (3):354-368.

[40] Yoo S,Kim D,Park M S.Pricing and return policy under various supply contr acts in a closed-loop supply chain. International Journal of Production Research, 2015, 53 (1): 106-126.

[41] Savaskan R C,Bhattacharya S,Wassenhove L N V.Closed-loop supply chain models with product remanufacturing.Management Science,2004,50(2):239-252.

[42] Savaskan R C,Wassenhove L N V.Reverse channel design:the case of compe ting retailers. Management Science,2006,52(1):1-14.

[43] Kumar V,Shirodkar P S,Camelio J A,et al.Value flow characterization during product life-cycle to assist in recovery decisions. International Journal of Production Research, 2007,45(18):4555-4572.

[44] Shulman J D, Coughlan A T, Savaskan R C. Optimal reverse channel structure for consumer product returns.Marketing Science,2010,29(6):1071-1085.

[45] Teunter R H,Flapper S D P.Optimal core acquisition and remanufacturing policies under uncertain core quality fractions.European Journal of Operational Research,2011,210(2):

241-248.

[46] Li X, Li Y J. A non-cooperative game on the acquisition pricing of multiple remanufacturers. Journal of Industrial Engineering and Engineering Management, 2012, 26:72-76.

[47] Huang Y, Sun H, Qing-Li D A. Research on pricing and producing policy of closed-loop supply chain based on product life-cycle in manufacturer competing settings. Chinese Journal of Management Science, 2013, 21:149-156.

[48] Guo J H, Li B Y, Ni M. Research on remanufacturing entry decision based on WTP differentiation. Chinese Journal of Management Science, 2013, 21(1):149-156.

[49] Wang W, Da Q. The decision making of manufacturers for collection and remanufacturing based on premium and penalty mechanism under competition environment. Chinese Journal of Management Science, 2013, 21:50-56.

[50] Zhu Q H, Zhou S S. Competitive analysis of auto-part manufacturer and remanufacturer based on governmentprice subsidies. Journal of Systems and Management, 2014, 23:367-373.

[51] Bulmus S C, Zhu S X, Teunter R. Competition for cores in remanufacturing. European Journal of Operational Research, 2014, 233(1):105-113.

[52] Gong W W, Hu L I, Zhang R. An analysis on decision model for the competition closed-loop supply chain recycling remanufacturing with government subsidies. East China Economic Management, 2014, 3:120-125.

[53] 郭军华, 李帮义, 倪明. WTP差异下再制造闭环供应链的回收模式选择. 管理学报, 2015, 12(1):142-147.

[54] Wen H, Cao X G, JI-Zi L I, et al. Pricing decision of the closed-loop supply chain with remanufacturing competition under patent protection. Mathematics in Practice and Theory, 2016, 46(21):64-71.

[55] Ma Z J, Zhang N, Dai Y, et al. Managing channel profits of different cooperative models in closed-loop supply chains. Omega, 2016, 59:251-262.

[56] Bhattacharya, S, Savaskan, R. C, Wassenhove, L. N. V. Closed-Loop Supply Chain Models with Product Remanufacturing. Management Science, 2004, 50:239-252.

[57] Gu Q L, Ji J H, Gao T G. Pricing Management for a Closed-Loop Supply Chain. J. Revenue Pricing Manag. 2008, 7:45-60.

[58] Huang M, Song M, Lee L H, Ching W K. Analysis for Strategy of Closed-Loop Supply Chain with Dual Recycling Channel. International Journal of Production Economics, 2013, 144:510-520.

[59] Liu H H, Lei M, Deng H H, Leong G K, Huang T. Quality-Based Price Competition Model for the WEEE Recycling Market with Government Subsidy. Omega 2015, 59:290-302.

[60] Majumder P, Groenevelt H. Competition in remanufacturing. Production and Operations

Management,2001,10(2):125-141.

[61] Ferrer G,Swaminathan J M.Managing new and remanufactured products.Management Science,2006,52(1):15-26.

[62] Ferrer G,Swaminathan J M.Managing new and differentiated remanufactured products. European Journal of Operational Research,2010,203(2):370-379.

[63] Ferguson M,Toktay B.The effect of competition on recovery strategies.Production and Operations Management,2006,15(3):351-368.

[64] Webster S,Mitra S.Competitive strategy in remanufacturing and the impact of take-back laws.Journal of Operations Management,2007,25(6):1123-1140.

[65] Mitra S,Webster S.Competition in remanufacturing and the effects of government subsidies.International Journal of Production Economics,2008,111(2):287-298.

[66] Atasu A,Guide V D R,Wassenhove L N V.Product reuse economics in closed-loop supply chain research.Production and Operations Management,2010,17(5):483-496.

[67] Wu C H.Strategic and operational decisions under sales competition and collection competition for end-of-use products in remanufacturing.International Journal of Production Economics,2015,169(11):11-20.

[68] Sun H,Jun Y E,Jin-Song H U.Research on the game strategies for the OEM and the remanufacturer under different decision structures.Chinese Journal of Management Science, 2017,25(1):160-169.

[69] Savaskan R C,Bhattacharya S,Wassenhove L N V.Channel coordination in a remanufacturing environment.Discussion paper,2001,20(35):749-761.

[70] Karakayali I,Emir-Farinas H,Akcali E.An analysis of decentralized collection and processing of end-of-life products.Journal of Operations Management,2007,25(6):1161-1183.

[71] Li B Y.Decision research on remanufacturing as prevention strategy.Control and Decision, 2010,25(11):1675-1678.

[72] Jung K S,Hwang H.Competition and cooperation in a remanufacturing system with take-back requirement.Journal of Intelligent Manufacturing,2011,22(3):427-433.

[73] Chen J M,Chang,C I.The co-operative strategy of a closed-loop supply chain with remanufacturing.Transportation Research Part E,2012,48:387-400.

[74] The Scottish Government.Remanufacture,refurbishment,reuse and recycling of Vehicles: trends and opportunities.2013.

[75] Wang K,Xiong Y.Remanufacturer-manufacturer collaborative model in the same channel under three channel power structures.Key Engineering Materials,2014,572:699-702.

[76] Wang K,Xiong Z K,et al.Remanufacturer-manufacturer collaboration in a supply chain: the manufacturer plays the leader role.Asia-Pacific Journal of Operational Research,2015, 32(5):1-17.

[77] Bulmus S C,Zhu S X,Teunter R.Capacity and production decisions under a remanufactur-

ing strategy.International Journal of Production Economics,2013,145(1):359-370.

[78] Wu C H.Price and service competition between new and remanufactured products in a two-echelon supply chain. International Journal of Production Economics, 2012, 140（1）: 496-507.

[79] Wu C H.Product design and pricing strategies with remanufacturing.European Journal of Operational Research,2012,222(2):204-215.

[80] Wu C H.OEM product design in a price competition with remanufactured product.Omega, 2013,41(2):287-298.

[81] Jena S K,Sarmah S P.Price competition and co-operation in a duopoly closed-loop supply chain.International Journal of Production Economics,2014,156(5):346-360.

[82] Zheng B, Yang C, Yang J, Zhang M. Dual-channelclosed loop supply chains: forward channel competition, power structures and coordination.International Journal of Production Research,2017,55(12):3510-3527.

[83] Li L,Gao Y. Study on strategy of re-manufacturing authorization for closed-loop supply chain based on recycling competition. Science and Technology Management Research, 2017,37(8):223-229.

[84] Wang W,Fan L,Ma P,Zhang P,Lu, Z Y.Reward-penalty mechanism in a closed-loop supply chain with sequential manufacturers' price competition.Journal of Cleaner Production, 2017,168:118-130.

[85] Rezaee M J,Yousefi S,Hayati J.A multI-objective model for closed-loop supply chain optimization and efficient supplier selection in a competitive environment considering quantity discount policy.Journal of Industrial Engineering International,2017,13(2):1-15.

[86] Atasu A,Sarvary M,Wassenhove L N.Remanufacturing as a Marketing Strategy.Management Science,2008,54:1731-1746.

[87] 黄永,孙浩,达庆利.制造商竞争环境下基于产品生命周期的闭环供应链的定价和生产策略研究[J].中国管理科学,2013,21(03):96-103.

[88] SavaskanR C,Van Wassenhove L N.Reverse Channel Design:The Case of Competing Retailers.Management Science,2006,52:1-14.

[89] Östlin J,Sundin E,Björkman M.Importance of Closed-loop Supply Chain Relationships for Product Remanufacturing. International Journal of Production Economics, 2008, 115: 336-348.

[90] Jena S K,Sarmah S P.Price Competition and Co-operation in a Duopoly Closed-loop Supply Chain.International Journal of Production Economics,2014,156,:346-360.

[91] Jena S K, Sarmah S P. Price and Service Co-opetiton under Uncertain Demand and Condition of Used Items in a Remanufacturing System.International Journal of Production Economics,2016,173:1-21.

[92] Bulmus S C,Zhu S X,Teunter R.Competition for Cores in Remanufacturing.European

156

Journal of Operational Research 2014,233:105-113.

[93] Wu C H.Strategic and Operational Decisions under Sales Competition and Collection Competition for End-of-use Products in Remanufacturing.International Journal of Production Economics,2015,169:11-20.

[94] 李响,李勇建.多再制造商回收定价竞争博弈[J].管理工程学报,2012,26(02):72-76.

[95] Chen J M,Chang C I.The Co-opetitive Strategy of a Closed-loop Supply Chain with Remanufacturing.Trans.Res.Part E 2014,48:387-400.

[96] Christian H,Nicole K and Wayne D H.Do satisfied customers really pay more study of the relationship between customer satisfaction and willingness to pay.Journal of Marketing,2005,69(2):84-96.

[97] Bont C J P M D,Schoormans J P L,Wessel M T T.Consumer personality and the acceptance of product design.Design Studies,1992,13(2):200-208.

[98] Loureiro M L,Susan H.Discovering niche markets:a comparison of consumer willingness to pay for local (Colorado grown),organic,and gmo-free products.Journal of Agricultural and Applied Economics,2002,34(3):477-487.

[99] Chen H Y,Chern W S.Consumer acceptanceof genetically modified foods.General Information,2002,33(4):178-182.

[100] Christopher J. Armitage, Julie Christian. Planned behavior: the relationship between human thought and action.Transaction Publishers,2004:85-118.

[101] Breidert C. Estimation of willingness-to-pay. Water Science and Technology Water Supply,Deutscher Universittsverlag Publishers,2006:32-46.

[102] 刘宏蛟,梁樑,张海明等.消费者对再制造产品的认知程度及购买行为分析.运筹与管理,2009,18(4):159-163.

[103] Celine M,Daniel L,Green consumer behavior:an experimental analysis of willingness to pay for remanufactured products.Business Strategy and the Environment,2011,20(6):408-420.

[104] Xu X,Zeng S,He Y.The influence of e-services on customer online purchasing behavior toward remanufactured products.International Journal of Production Economics,2017,187:113-125.

[105] Xiong Y,Zhao Q,Zhou Y.Manufacturer-remanufacturing vs supplier-remanufacturing in a closed-loop supply chain.International Journal of Production Economics,2016,176:21-28.

[106] 陈晓红,汪继,王傅强.消费者偏好和政府补贴下双渠道闭环供应链决策研究.系统工程理论与实践,2016,36(12):3111-3122.

[107] 陈章跃,王勇,刘华明.考虑顾客策略行为和产品质量的闭环供应链决策模型.中国管理科学,2016,24(3):109-116.

[108] Guide,Jr V D R,Li J.The potential for cannibalization of new products sales by remanu-

factured products.Decision Sciences,2010,41(3):547-572.

[109] Ovchinnikov A.Revenue and cost management for remanufactured products.Production and Operations Management,2011,20(6):824-840.

[110] Wu Y,Xiong Z K.Production strategies of the original equipment manufacturer and independent operator under the condition of competition.Systems Engineering-Theory and Practice,2014,34:291-303.

[111] Bhattacharya R,Kaur A.Allocation of external returns of different quality grades to multiple stages of a closed loop supply chain.Journal of Manufacturing Systems,2015,37:692-702.

[112] Hazen B T,Overstreet R,Jonesfarmer A,et al.The role of ambiguity tolerance in consumer perception of remanufactured products.International Journal of Production Economics,2012,135(2):781-790.

[113] Wang Y,Hazen B T.Consumer product knowledge and intention to purchase remanufactured products.International Journal of Production Economics,2016,181:460-469.

[114] Abbey J D,Kleber R,Souza G C,et al.The role of perceived quality risk in pricing remanufactured products.Production and Operations Management,2017,26(1):100-115.

[115] Shu T,Wang Y,Chen S,et al.Decisions on remanufacturing with WTP disparity and recycling competition under government subsidies.Sustainability,2017,9(9):1503-1532.

[116] Kleber R,Reimann M,Souza G C,et al.On the robustness of the consumer homogeneity assumption with respect to the discount factor for remanufactured products.European Journal of Operational Research,2018,269(3):1027-1040.

[117] Gupta R,Gaur J,Banerjee P,et al.Drivers of consumer purchase intentions for remanufactured products.Qualitative Market Research,2015,18(1):30-47.

[118] Hanley N,Wright R E,Adamowicz V.Using choice experiments to value the environment.Environmental and Resource Economics,1998,11(3-4):413-428.

[119] Carlsson F,Martinsson P.Willingness to pay for reduction in air pollution:a multilevel analysis.Environmental Economics and Policy Studies,2001,4(1):17-27.

[120] Ray S,Boyaci T,Aras N.Optimal Prices and Trade-in Rebates for Durable,Remanufacturable Products.Manufacturing and Service Operations Management,2005,7,208-228.

[121] Debo L G,Wassenhove L N.Market Segmentation and Product Technology Selection for Remanufacturable Products.Management Science,2005,51,1193-1205.

[122] Abbey J D,Blackburn J D.Optimal Pricing for New and Remanufactured Products.Journal of Operations Management,2015,36,130-146.

[123] 路立浩.考虑消费者行为的供应链协调与收益管理:[天津大学博士学位论文],天津:天津大学,2016:33-105.

[124] 刘丽雯.考虑消费者行为的闭环供应链再制造专利许可策略研究:[华中科技大学博士学位论文],武汉:华中科技大学,2017:21-179.

［125］胡书.考虑消费者行为和政府规制的逆向及闭环供应链模型研究：［西南交通大学博士学位论文］,四川：西南交通大学,2017:21-57.

［126］张菊芝.考虑消费者行为的定价和契约问题研究：［中国科学技术大学博士学位论文］,安徽：中国科学技术大学,2015:3-131.

［127］贺妍艳.考虑消费者质量认知行为的 O2O 决策研究：［中国科学技术大学博士学位论文］,安徽：中国科学技术大学,2017:17-76.

［128］汪宁宁.考虑消费者行为和市场扰动的策略定价研究：［中国科学技术大学博士学位论文］,安徽：中国科学技术大学,2017:19-50.

［129］张艳丽.考虑消费者偏好和政府行为的绿色供应链定价决策研究：［合肥工业大学博士学位论文］,安徽：合肥工业大学,2017:17-84.

［130］Giutini R,Gaudette K.Remanufacturing:the next great opportunity for boosting US productivity.Business Horizons,2003,46(6):41-48.

［131］Debo L G,Toktay L B,Wassenhove L N V.Market segmentation and product technology selectionfor remanufacturable products.Management Science,2005,51(8):1193-1205.

［132］Nenes G,Panagiotidou S,Dekker R.Inventory control policies for inspection and remanufacturing of returns:a case study.International Journal of Production Economics,2010,125(2):300-312.

［133］Van Wassenhove L N,Zikopoulos C.On the effect of quality overestimation in remanufacturing.International Journal of Production Research,2010,48 (18):5263-5280.

［134］Gong Y,Huang D.Optimization for production/ remanufacturing system with return rate dependent on price and quality under uncertainty.Computer Science for Environmental Engineering and Eco-Informatics,2011,158(1):166-172.

［135］Örsdemir A,kemahlio ĝlu-ziya E,Parlaktürk A K.Competitive quality choice and remanufacturing.Production and Operations Management,2014,23(1):48-64.

［136］Abbey J D,Kleber R,Souza G C,et al.The role of perceived quality risk in pricing remanufactured products.Production and Operations Management,2016,26(1):100-115.

［137］Aras N,Boyaci T,Verter V.The effect of categorizing returned products in remanufacturing.Iie Transactions,2004,36(4):319-331.

［138］Behret H,Korugan A.Performance analysis of a hybrid system under quality impact of returns.Computers and Industrial Engineering,2009,56(2):507-520.

［139］Galbreth M R,Blackburn J D.Optimal acquisition quantities in remanufacturing with condition uncertainty.Production and Operations Management,2010,19(1):61-69.

［140］Teunterab R H.Optimal core acquisition and remanufacturing policies under uncertain core quality fractions.European Journal of Operational Research,2011,210(2):241-248.

［141］Pokharel S,Liang Y J.A model to evaluate acquisition price and quantity of used products for remanufacturing. International Journal of Production Economics, 2012, 138 (1): 170-176.

[142] Robotis A, Boyaci T, Verter V. Investing in reusability of products of uncertain remanufacturing cost: the role of inspection capabilities. International Journal of Production Economics, 2012, 140(1): 385-395.

[143] Watanabe T, Kusuawa E, Arizono I. Optimal operation for green supply chain in consideration of collection incentive and quality for recycling of used products. Industrial Engineering and Management Science, 2013, 12 (4): 2234-6473.

[144] Atasu A, Souza G C. How does product recovery affect quality choice. Production and Operations Management, 2013, 22(4): 991-1010.

[145] Niknejad A, Petkovic D. Optimization of integrated reverse logistics networks with different product recovery routes. European Journal of Operational Research, 2014, 238(1): 143-154.

[146] Karamouzian A, Naini S G J, Mazdeh M M. Management of returned products to a remanufacturing facility considering arrival uncertainty and priority processing. International Journal of Operational Research, 2014, 20(3): 331-340.

[147] Zikopoulos C, Tagaras G. Reverse supply chains: effects of collection network and returns classification on profitability. European Journal of Operational Research, 2015, 246(2): 435-449.

[148] Radhi M, Zhang G. Optimal configuration of remanufacturing supply network with return quality decision. International Journal of Production Research, 2016, 54(5): 1-16.

[149] 计国君, 陈燕琳. 基于再造外部竞争的 OEM 阻止策略研究. 软科学, 2013, 27 (1): 56-63.

[150] Bagchi A, Mukherjee A. Technology licensing in a differentiated oligopoly. International Review of Economics and Finance, 2014, 29(1): 455-465.

[151] 刘光富, 刘文侠. 双渠道再制造闭环供应链差异定价策略. 管理学报, 2017, 14(4): 625-632.

[152] Lin L, Kulatilaka N. Network effects and technology licensing with fixed fee, royalty, and hybrid contracts. Journal of Management Information Systems, 2006, 23(2): 91-118.

[153] 熊中楷, 王凯, 熊榆. 经销商从事再制造的闭环供应链模式研究. 管理科学学报, 2011, 14 (11): 1-9.

[154] Huang Y, Wang Z. Closed-loop supply chain models with product take-back and hybrid remanufacturing under technology licensing. Journal of Cleaner Production, 2016, 142: 3917-3927.

[155] Hong X, Govindan K, Xu L. Quantity and collection decisions in a closed-loop supply chain with technology licensing. European Journal of Operational Research, 2017, 256(3): 820-829.

[156] 陈军, 田大钢. 闭环供应链模型下的产品回收模式选择. 中国管理科学, 2017, 25(1): 88-97.

[157] Zhao D, Chen H, Hong X, Liu J. Technology licensing contracts with network effects. In-

ternational Journal of Production Economics,2014,158:136-144.

[158] 孙浩,叶俊,胡劲松,等.不同决策模式下制造商与再制造商的博弈策略研究.中国管理科学,2017,25(1):160-169.

[159] Huang Y,Wang Z.Information sharing in a closed-loop supply chain with technology licensing.International Journal of Production Economics,2017,191:113-127.

[160] Ray S,Boyaci T,Aras N.Optimal Prices and Trade-in Rebates for Durable,Remanufacturable Products. Manufacturing and Service Operations Management, 2005, 7 (3): 208-228.

[161] Debo L G,Wassenhove L N V.Market Segmentation and Product Technology Selection for Remanufacturable Products.Management Science,2005,51(8):1193-1205.

[162] 张建军,霍佳震,张艳霞.基于价格博弈的闭环供应链协调策略设计.管理工程学报,2009,23(2):119-124+110.

[163] 孙浩,达庆利.基于产品差异的再制造闭环供应链定价与协调研究.管理学报,2010,7(5):733-738.

[164] Abbey J D,Blackburn J D.Optimal pricing for new and remanufactured products.Journal of Operations Management,2015,36:130-146.

[165] Montgomery,W.D.Markets in licenses and efficient pollution control programs.Journal of Economic Theory 1972,5:395-418.

[166] Laffont J,Tirole J.Pollution permits and compliance strategies.Journal of Public Economics.1996,62:127-140.

[167] Hua G,Cheng T C E,Wang S Y.Managing carbon footprints ininventory management.International Journal of Production Economics,2011,132:178-185.

[168] Benjaafar S,Li Y,Daskin M.Carbon footprint and the management of supply chains:Insights from simple models.IEEE Transactions on Automation Science and Engineering,2013,10:99-116.

[169] Chen X, Benjaafar S, Elomri A. The carbon-constrained EOQ. Operations Research Letters,2013,41:172-179.

[170] Hovelaque V,Bironneau L.The carbon-constrained eoq model with carbon emission dependent demand.International Journal of Production Economics,2015,164:285-291.

[171] Xu X,Xu X,He P.Joint production and pricing decisions for multiple products with cap-and-trade and carbon tax regulations. Journal of Cleaner Production, 2016, 112: 4093-4106.

[172] Yenipazarli A. Managing new and remanufactured products to mitigate environmental damage under emissions regulation.European Journal of Operational Research,2016,249(1):117-130.

[173] Yang A F,Wang J Q,Xiao-Jian H U.Study on the third-party remanufacturing problem under carbon tax mechanism.Soft Science,2017,31(12):134-139.

［174］Saxena L K,Jain P K,Sharma A K.Tactical supply chain planning for tyre remanufacturing considering carbon tax policy.International Journal of Advanced Manufacturing Technology,2018,97(3):1505-1528.

［175］He X,Zhang J.Supplier Selection Study under the Respective of Low-Carbon Supply Chain:A Hybrid Evaluation Model Based on FA-DEA-AHP.Sustainability,2018,10:564.

［176］Zhang H,Li Y,Han Y.Research on pricing decisions of manufacturers' recycling and remanufacturing based on carbon tax and low carbon preference.Journal of Industrial Technological and Economics,2018,1:130-136.

［177］Zhou J,Deng Q,Li T.Optimal acquisition and remanufacturing policies considering the effect of quality uncertainty on carbon emissions.Journal of Cleaner Production,2018,186:180-190.

［178］Wang X,Zhu Y,Sun H,Jia F.Production decisions of new and remanufactured products:implications for low carbon emission economy.Journal of Cleaner Production,2018,171:1225-1243.

［179］Turki S,Sauvey C,Rezg N.Modelling and optimization of a manufacturing/remanufacturing system with storage facility under carbon cap and trade policy.Journal of Cleaner Production,2018,193:441-458.

［180］Mitra S,Webster S.Competition in Remanufacturing and the Effects of Government Subsidies.International Journal of Production Economics,2008,111:287-298.

［181］Wang L,Chen M.Policies and Perspective on End-of-Life Vehicles in China.Journal of Cleaner Production,2013,44:168-176.

［182］Ma W M,Zhao Z,Ke H.Dual-Channel Closed-Loop Supply Chain with Government Consumption-subsidy.European Journal of Operational Research,2013,226:221-227.

［183］Wang Y X,Chang X Y,Chen Z G,Zhong Y G,Fan T J.Impact of Subsidy Policies on Recycling and Remanufacturing Using System Dynamics Methodology:A Case of Auto Parts in China.Journal of Cleaner Production,2014,74:161-171.

［184］Hu D B,Xiao C X,Chen X H.Carbon quotas subsidies and engineering machinery remanufacturing.Frontiers of Engineering Management,2016,3(1):50-58.

［185］Miao Z,Mao H,Fu K,Wang Y.Remanufacturing with trade-ins under carbon regulations.Computers and Operations Research,2016,89:253-268.

［186］Shu T,Peng Z Z,Chen S,Wang S Y,Lai K K,Yang H.Government subsidy for remanufacturing or carbon tax rebate:Which is better for firms and a low-carbon economy.Sustainability,2017,9:156.

［187］Hazen B T,Mollenkopf D A,Wang Y.Remanufacturing for the circular economy:an examination of consumer switching behavior.Business Strategy and the Environment,2017,26(4):451-464.

[188] Zhang H M,Liu B H,En-Zhong L I,Zhang D,Zhou X Y.Effects of carbon trading and subsidy policy on remanufacturing closed-loop supply chain.China Surface Engineering, 2018,31(1):165-174.

[189] 申成然,熊中楷,彭志强.专利保护与政府补贴下再制造闭环供应链的决策和协调.管理工程学报,2013,27(3):132-138.

[190] Wang K,Zhao Y,Cheng Y,Choi T.Cooperation or Competition Channel Choice for aRemanufacturing Fashion Supply Chain with Government Subsidy.Sustainability,2014,6(10):7292-7310.

[191] 孙浩,张桂涛,钟永光,等.政府补贴下制造商回收的多期闭环供应链网络均衡.中国管理科学,2015,23(001):56-64.

[192] Mitra S,Webster S.Competition in remanufacturing and the effects of government subsidies.International Journal of Production Economics,2008,111(2):287-298.

[193] 王文宾,达庆利.奖惩机制下具竞争制造商的废旧产品回收决策模型.中国管理科学, 2013,21(5):50-56.

[194] 朱庆华,周珊珊.基于政府价格补贴的汽车零部件制造商与再制造商的竞争分析.系统管理学报,2014,23(3):367-373.

[195] 贡文伟,李虎,张蓉.政府补贴下竞争闭环供应链回收再制造决策模型分析.华东经济管理,2014,28(3):120-125.

[196] Erica M O.Trade-Ins,Mental Accounting,and Product Replacement Decisions.Journal of Consumer Research,2001,27:433-446.

[197] Ray S,Boyaci T,Aras N.Optimal Prices and Trade-In Rebates for Durable,Remanufacturable Products.Manufacturing and Service Operations Management,2005,7:208-228.

[198] Li K J,Xu S H. The comparison between trade-in and leasing of a product with technology innovations.Omega,2015,54:134-146.

[199] Zhang F,Zhang P.Trade-In Remanufacturing,Strategic Customer Behavior,and Government Subsidies;Social Science Electronic Publishing:Rochester,NY,USA,2015.

[200] Zhu X,Wang M,Chen G,Chen X. The effect of implementing trade-in strategy on duopoly competition.European Journal of Operational Research,2016,248:856-868.

[201] Agrawal V V,Ferguson M,Souza G C.Trade-in rebates for price discrimination and product recovery.IEEE Transportation Engineering Management,2016,63,326-339.

[202] Yan B,Hong-Yuan L I,Wang T,Liu Y P.Autonomous trade-in strategy for retailer with market segmentation.Journal of Management Sciences in China,2017,20:120-136.

[203] Xiao Y.Choosing the right exchange-old-for-new programs for durable goods with a rollover.European Journal of Operational Research,2016,259:512-526.

[204] Miao Z W,Fu K,Xia Z Q,Wang Y.Models for closed-loop supply chain with trade-ins.Omega,2017,66:308-326.

[205] Liu J,Chen L,Zhai X,University P.Optimal product rollover strategy under trade-in pro-

gram. Journal of Management in China, 2018, 15:908-917.

[206] Liu J, Zhai X, Chen L. Optimal pricing strategy under trade-in program in the presence of strategic consumers. Omega 2018. Sustainability, 2018, 10:3935.

[207] Cao K, Xu X, Bian Y, Sun Y. Optimal trade-in strategy of business-to-consumer platform with dual-format retailing model. Omega, 2018.

[208] Huang Y. A closed-loop supply chain with trade-in strategy under retail competition. Mathematical Problems in Engineering, 2018.

[209] Han X, Yang Q, Shang J, Pu X. Optimal strategies for trade-old-for-remanufactured programs: Receptivity, durability, and subsidy. International Journal of Production Economics, 2017, 193:602-616.

[210] Ma Z J, Zhou Q, Dai Y, Sheu J B. Optimal pricing decisions under the coexistence of "trade old for new" and "trade old for remanufactured" programs. Transportation Research Part E: Logistics and Transportation Review, 2017, 106:337-352.

[211] Zhu X, Wang M. Optimal pricing strategy of a hybrid trade old for new and remanufactured products supply chain. Optimization Letters, 2018.

[212] Wu C H. Strategic and operational decisions under sales competition and collection competition for end-of-use products in remanufacturing. International Journal of Production Economics, 2015, 169(1):11-20

[213] Mitra S, Webster S. Competition in remanufacturing and the effects of government subsidies. International Journal of Production Economics, 2008, 111(2):287-298.

[214] Liu Y, Xiao T, Fan Z, et al. Pricing, environmental governance efficiency, and channel coordination in a socially responsible tourism supply chain. Interna tional Transactions in Operational Research, 2017, (8):1-27.

[215] Bulmus S C, Zhu S X, Teunter R. Capacity and production decisions under a remanufacturing strategy. International Journal of Production Economics, 2013, 145(1):359-370.

[216] Wang K, Xiong Y. Remanufacturer-manufacturer collaborative model in the same channel under three channel power structures. Key Engineering Materials, 2014, 572:699-702.

[217] Savaskan R C, Bhattacharya S, Wassenhove L N V. Channel coordination in a remanufacturing environment. Discussion paper, 2001, 20(35):749-761.

[218] Atasu A, Guide V D R, Wassenhove L N V. Product reuse economics in closed-loop supply chain research. Production and Operations Management, 2010, 17(5):483-496.

[219] Bulmus S C, Zhu S X, Teunter R. Capacity and production decisions under a remanufacturing strategy. International Journal of Production Economics, 2013, 145(1):359-370.

[220] Ferrer G, Swaminathan J M. Managing new and remanufactured products. Management Science, 2006, 52(1):15-26.

[221] Debo L G, Toktay L B, Wassenhove L N V. Market segmentation and product technologyselection for remanufacturable products. Management Science, 2005, 51(8):1193-1205.

［222］Ferguson M，Toktay B. The effect of competition on recovery strategies. Production and Operations Management，2006，15(3)：351-368.

［223］Xiong Y，Zhao Q，Zhou Y. Manufacturer-remanufacturing vs supplier-remanu facturing in a closed-loop supply chain. International Journal of Production Economics，2016，176：21-28.

［224］Ferrer G，Swaminathan J M. Managing New and Remanufactured Products. Management Science，2006，52：15-26.

［225］Savaskan R C，Bhattacharya S，VanWassenhove L N. Closed-Loop Supply Chain Models with Product Remanufacturing. Management Science，2004，50，239-252. Sustainability，2017，9：1503 28 of 29.

［226］Xiong Y，Zhou Y，Li G，Chan H K，Xiong Z K. Don't Forget Your Supplier When Reman-ufacturing. European Journal of Operational Research 2013，230：15-25.

［227］张建军，霍佳震，张艳霞. 基于价格博弈的闭环供应链协调策略设计. 管理工程学报，2009，23(02)：119-124＋110.

［228］Zhou Y，Xiong Y，Li G，Xiong Z，Beck M. The Bright Side of Manufacturing-remanufac-turing Conflict in a Decentralised Closed-loop Supply Chain. International Journal of Pro-duction Economics，2013，51：2639-2651.

［229］Chung S L，Wee H M，Yang P C. Optimal Policy for a Closed-loop Supply Chain Inventory System with Remanufacturing. mathematical and computer modelling，2008，48：867-881.

［230］Georgiadis P，Athanasiou E. Flexible Long-term Capacity Planning in Closed-loop Supply Chains with Remanufacturing. European Journal of Operational Research 2013，225：44-58.

［231］Georgiadis P，Vlachos D，Tagaras G. The Impact of Product Lifecycle on Capacity Planning of Closed-Loop Supply Chains with Remanufacturing. Production and Operations Management，2006，15：514-527.

［232］Tagaras G，Zikopoulos C. Optimal Location and Value of Timely Sorting of Used Items in a Remanufacturing Supply Chain with Multiple Collection Sites. International Journal of Production Economics，2008，115：424-432.

［233］Vlachos D，Georgiadis P，Iakovou E. A System Dynamics Model for Dynamic Capacity Planning of Remanufacturing in Closed-loop Supply Chains. Computers and Operations Research，2007，34：367-394.

［234］Atasu A，Sarvary M，Wassenhove L N. Remanufacturing as a Marketing Strategy. Man-agement Science，2008，54：1731-1746.

［235］伍颖，熊中楷. 竞争条件下制造商和再制造商的生产决策. 系统工程理论与实践，2014，34(2)：291-303.

［236］孙浩，张桂涛，钟永光，达庆利. 政府补贴下制造商回收的多期闭环供应链网络均衡. 中国

管理科学,2015,23(1):56-64.

[237] 贡文伟,李虎,张蓉.政府补贴下竞争闭环供应链回收再制造决策模型分析.华东经济管理,2014,28(3):120-125.

[238] Mcconocha D M, Speh T W. Remarketing: Commercialization of Remanufacturing Technology. Journal of Business and Industrial Marketing, 1991, 6:23-37.

[239] Ma W M, Zhao Z, KeH. Dual-Channel Closed-Loop Supply Chain with Government Consumption-subsidy. European Journal of Operational Research, 2013, 226:221-227.

[240] Wang K, Zhao Y, Cheng Y, Choi T M. Cooperation or Competition Channel Choice for a Remanufacturing Fashion Supply Chain with Government Subsidy. Sustainability, 2014, 6: 7292-7310.

[241] Huang, M.; Song, M.; Lee, L. H.; Ching, W. K. Analysis for Strategy of Closed-Loop Supply Chain with DualRecycling Channel. International Journal of Production Economics, 2013, 144:510-520.

[242] Shi, W.; Min, K. J. Remanufacturing decisions and implications under material cost uncertainty. International Journal of Production Research, 2014, 53:6421-6435.

[243] Mukherjee K, Mondal S. Analysis of issues relating to remanufacturing technology-a case of an Indian company. Technology Analysis and Strategic Management, 2009, 21(5): 639-652.

[244] Liu B, Holmbom M, Segerstedt A, Chen W. Effects of carbon emission regulations on remanufacturing decisions with limited information of demand distribution. International Journal of Production Research, 2015, 53(2):532-548.

[245] Wittneben B B F. Exxon is right: let us re-examine our choice for a cap-and-trade system over a carbon tax. Energy Policy, 2009, 37(6):2462-2464.

[246] Lu C, Tong Q, Liu X. The impacts of carbon tax and complementary policies on Chinese economy. Energy Policy, 2010, 38(11):7278-7285.

[247] Souza G C. Closed-loop supply chains: a critical review, and future research. Decision Sciences, 2013, 44(1):7-38.

[248] Han X, Yang Q, Shang J, Pu X. Optimal strategies for trade-old-for-remanufactured programs: receptivity, durability, and subsidy. International Journal of Production Economics, 2017, 193:602-616.

[249] Agrawal V V, Thomas V M. Is leasing greener than selling. Management Science, 2012, 58(3):523-533.

[250] Miao Z, Mao H, Fu K, Wang Y. Remanufacturing with trade-ins under carbon regulations. Computers and Operations Research, 2016, 89:253-268.

[251] Wei S G, Cheng D B, Erik S D, Tang O. Motives and Barriers of the Remanufacturing industry in China. Journal of Cleaner Production, 2015, 94:340-351.

[252] Gao Y, Yang X. Study of Profit Coordination of Remanufacturing Closed-up Supply Chain

based on WTP Differentiation. Application Research of Computers, 2014, 31(2):388-391.

[253] Jr V D R G , Wassenhove L N V . The Evolution of Closed-Loop SupplyChain Research. Operations Research, 2009, 57(1):10-18.

[254] Pietro De Giovanni, Georges Zaccour. A Two-period Game of a Closed-loop Supply Chain. European Journal of Operational Research, 2014, 232(1):22-40.

[255] Ma W M, Zhao Z, Ke H. Dual-channel Closed-loop Supply Chain with Government Consumption-subsidy. European Journal of Operational Research, 2013, 226(2):221-277.

[256] Wang K Z, Zhao Y X, Cheng Y H, Choi T-M. Cooperation or Competition Channel Choice for a Remanufacturing Fashion Supply Chain with Government Subsidy. Sustainability, 2014, 6(10):7292-7310.

[257] 邱国斌.不同政府补贴模式对制造商与零售商决策的影响.科学决策, 2013, 20(7):12-24.

[258] Ma L J, Ying G, Wang S Y, Qin G L. On Government Subsidies of Closed Loop Rreen Supply Chain: Subsidies for Consumers or Manufacturers. International Conference on Service Systems and Service Management (ICSSSM), Guangzhou, China, 2015.

[259] 赵晓敏,徐阳阳,林英晖.纳什均衡市场下政府补贴对再制造的影响效应.工业工程与管理, 2015, 20(1):90-94.